Rousseau et Tocqueville :
L'invention de la démocratie moderne

Collection « Sagesses d'hier et d'aujourd'hui »
L'histoire de la pensée écrite et racontée par Luc Ferry

Crédits couverture :
Photo Luc Ferry : © Rémy Cortin

Rousseau : portrait de Maurice Quentin de Latour, 1753, musée Antoine Lécuyer, © akg-images/Erich Lessing
Tocqueville : portrait de Théodore Chassériau, 1850, château de Versailles, © akg-images/Erich Lessing

Projet développé par :
Le Figaro et *Le Point*

ISBN : 978-2-8105-0526-5 (collection)
ISBN : 978-2-8105-0536-4 (volume 10)

Rousseau et Tocqueville : L'invention de la démocratie moderne

par Luc Ferry

COLLECTION
SAGESSES D'HIER
ET D'AUJOURD'HUI

Transcription réalisée avec l'amicale assistance
d'Alexandra Laignel-Lavastine.

Rousseau et la démocratie idéale

Nous allons aborder les œuvres de deux philosophes politiques que je tiens pour les deux plus grands penseurs de la démocratie : Jean-Jacques Rousseau et Alexis de Tocqueville. Rousseau est né en 1712 et il est mort en 1778 : c'est, comme nous allons le voir, un penseur tout à fait à part parmi les autres grands philosophes du XVIIIe siècle. Tocqueville, lui, appartient au XIXe siècle, mais tous deux sont de grands théoriciens de la démocratie moderne dont les analyses nous parlent encore aujourd'hui, ainsi que je vais tenter de vous le montrer dans ce qui suit.

Commençons par Rousseau, qui occupe, comme je vous le disais, une place très particulière au siècle des Lumières par la dimension à la fois hypermoderne et pourtant déjà antimoderne de son œuvre. Hypermoderne, parce qu'il fut un des pères spirituels de la Révolution française ; antimoderne, parce qu'il deviendra simultanément un des grands inspirateurs du romantisme qui s'est développé en réaction à la Révolution et aux Lumières. Le mot « romantisme » est à entendre ici non pas au sens ordinaire où on parle d'une « histoire d'amour romantique » pour désigner une aventure amoureuse passionnée, mais au sens philosophique et politique, comme la première réaction d'hostilité au monde moderne, démocratique et industriel – réaction animée par une volonté proprement nostalgique de retourner en arrière vers un âge d'or, vers des paradis perdus par la modernité. Le romantisme en politique et en philosophie, ce n'est pas la passion amoureuse, mais plutôt l'esprit « réactionnaire », l'esprit de la « Restauration ».

Rousseau représente donc un paradoxe à lui seul, lui qui fut un des penseurs les plus éminents de ce qu'on appellerait aujourd'hui la « démocratie participative », un partisan de la démocratie directe contre le régime représentatif ou libéral et, en même temps, un des maîtres à penser de cette réaction contre la modernité philosophique et politique portée notamment par les romantiques suisses et allemands. Rousseau, il ne faut jamais l'oublier, est d'abord un citoyen de Genève, un Suisse protestant. Il préfère infiniment la nature sauvage à la ville, la campagne à Paris. À la différence de Voltaire, qui est un peu son frère ennemi, son contre-modèle, il déteste la vie parisienne, avec son luxe et sa civilité, son esprit de cour et ses vanités. C'est aussi en ce sens qu'il est bien l'un des premiers romantiques, et nous allons voir que sa conception de la démocratie, même si elle influença ces modernes que sont les révolutionnaires français, porte très largement l'empreinte du monde ancien, de la démocratie directe telle qu'elle fut conçue en Grèce, singulièrement dans l'austère cité de Sparte.

Allons plus loin : Rousseau pose, à travers toute son œuvre, une question d'une ampleur inédite, une question qu'il est le seul à poser à son époque et qui resurgira, au XXe siècle, de manière profonde et tragique, avec le nazisme : les progrès des mœurs, des Lumières, de la raison et de la Civilisation avec un grand « C », celle dont on pense au XVIIIe siècle qu'elle se réduit d'évidence à l'Europe des Lumières, vont-ils véritablement de pair avec le progrès moral et politique ? Aux yeux de Rousseau, déjà, rien n'est moins certain.

Les progrès de la Civilisation mis en doute

En 1750, dans son *Discours sur les sciences et les arts*, qui souleva une violente querelle, Rousseau formule l'idée que tout ce qu'a développé la civilisation moderne – des avancées de la civilité, du luxe et de la richesse, en passant par celles des sciences et des arts (des techniques) – ne constituerait pas un progrès spirituel, mais au contraire une régression morale. Il reprend ce thème dans un petit essai de 1758, sa fameuse *Lettre à d'Alembert sur les spectacles*, très largement dirigée contre Voltaire et les philosophes des Lumières, où il fustige en particulier le théâtre – genre littéraire en quoi il voit un spectacle servile, tout entier conçu à l'image de la monarchie, les spectateurs, séparés les uns des autres dans un « antre obscur », ne communiquant jamais directement entre eux, mais seulement par l'intermédiaire d'un troisième terme, sorte de symbole du pouvoir royal : la scène (nous reviendrons dans la suite de notre exposé sur cette interprétation du théâtre comme analogue d'un absolutisme monarchique qui sépare les citoyens). Premier théoricien à entreprendre de penser le côté obscur des Lumières, à percevoir leur part d'ombre, Rousseau incarne une sorte d'exception au sein de son époque. Tandis que ses pairs, à commencer par les encyclopédistes, baignent dans une espèce d'optimisme de la raison, il est le premier à s'interroger sur les méfaits potentiels du « progrès », le premier à mettre en doute, comme le fera plus tard Nietzsche, la dimension morale de la science, de la « volonté de vérité » – un aspect de son œuvre qui en fera d'ailleurs l'un des lointains ancêtres de l'écologie politique contemporaine.

« La question qui anime l'œuvre de Rousseau resurgira de manière tragique avec le nazisme : les progrès de la Civilisation scientifique héritée des Lumières vont-ils véritablement de pair avec le progrès moral et politique ? »

En un sens, Rousseau, qui est sans aucun doute un des plus grands écrivains de langue française – certaines pages du *Discours sur l'origine de l'inégalité* mêlent avec une harmonie sans égale le style classique et le style romantique, et son grand roman, *La Nouvelle Héloïse*, fut à l'époque un « best-seller » sans équivalent –, est l'opposé parfait de Voltaire, le symétrique inverse de celui qui aimait le luxe et la vie parisienne, le théâtre, l'argent, les jeux de l'esprit et les mondanités. Il est celui qui, à la fois, ferme la grande période du classicisme français, y compris sur le plan esthétique, et ouvre sur cette ample critique de la modernité qu'a représentée le romantisme. Là encore, il faut souligner que Rousseau est né à Genève, ce qui n'est pas indifférent : à l'encontre de ce qu'enseignent nos manuels de littérature, il n'est pas vraiment un philosophe français. Il se convertira un temps au catholicisme, mais de manière forcée, cette conversion ne venant ni du cœur ni de l'esprit. Sur le plan culturel et moral, Rousseau fut à certains égards plus proche de l'Allemagne et de sa tradition romantique que de la France.

Je vais maintenant vous proposer d'examiner les lignes de force de sa pensée – puissante mais complexe et parfois contradictoire, au moins en apparence – de façon assez systématique pour en faire justement ressortir la cohérence. J'organiserai cette présentation autour de quatre grands thèmes qui, chez lui, s'enchaînent les uns aux autres de manière aussi puissante que profonde. Je commencerai par le thème à coup sûr le plus fondamental dans sa pensée, la définition que Rousseau propose de l'être humain (ce qu'on pourrait appeler, au sens étymologique du mot, une anthropologie) dans le *Discours sur l'origine de l'inégalité parmi les hommes* (1755), un essai qui fera lui aussi scandale, comme presque toutes les œuvres de Rousseau, mais qui connaîtra également un succès retentissant.

De la différence entre l'homme et l'animal

En fait, nous avons déjà vu les prémices de cette anthropologie lorsque nous avons étudié la naissance de l'humanisme avec Pic de la Mirandole (1463-1494). Mais il nous faut y revenir ici plus en profondeur, parce que c'est sans nul doute Rousseau qui va donner toute leur ampleur aux intuitions de Pic. Il s'agit véritablement du point nodal de sa pensée, de la pierre angulaire sur laquelle repose tout le reste de l'édifice. Depuis Descartes au moins, la question cruciale de l'humanisme naissant est posée : qu'est-ce qui fait, au fond, la différence spécifique entre l'homme et l'animal ? À cette question Rousseau apporte une réponse qui renouvelle les arguments jusque-là avancés au sein de la tradition philosophique – une réponse destinée à marquer l'histoire de la philosophie jusqu'à Sartre, Husserl et Heidegger, en passant par Kant et l'idéalisme allemand.

« À la différence des animaux, l'être humain est capable de s'arracher à la logique de l'instinct : il possède une capacité de distanciation ou d'écart par rapport à la nature, une faculté de perfectibilité et d'historicité. »

Pour Rousseau, les critères d'ordinaire avancés dans la tradition philosophique pour différencier l'homme de l'animal – la raison, le langage, la sociabilité – ne sont pas les bons. Voyons rapidement en quoi.

D'abord, la différence fondamentale entre l'humain et l'animal ne tient pas à la raison, contrairement à ce que soutient par exemple Aristote lorsqu'il définit l'homme comme un « animal rationnel » ou raisonnable. D'évidence, il y a une intelligence animale et, à la limite, certains animaux sont sans doute plus intelligents que certains humains ! La différence, à cet égard, reste essentiellement quantitative, et non pas qualitative. Question, en somme, de degré.

Cette différence tiendrait-elle alors à l'affectivité, à la sociabilité, au langage ? Là encore, Rousseau écarte l'hypothèse : il n'est pas douteux que certains animaux sont plus aimables et plus sociables que certains humains, et s'ils ne parlent pas notre langue humaine, reste qu'ils communiquent bien avec nous quand il le faut. On notera au passage que l'éthologie contemporaine donne raison à Rousseau : les grands singes, à commencer par les bonobos, une espèce particulièrement intelligente de chimpanzés, sont capables, grâce aux ordinateurs, de maîtriser très convenablement plusieurs dizaines de mots et, de toute évidence aussi, leur affectivité et leurs capacités de communication sont très développées. L'idée cartésienne selon laquelle les animaux ne seraient que des machines, des automates particulièrement compliqués mais cependant dépourvus de toute capacité d'éprouver du plaisir et de la peine, est si manifestement fausse qu'elle ne vaut guère la peine d'être réfutée.

La différence spécifique entre humain et animal ne repose donc essentiellement ni sur l'intelligence ni sur la sociabilité ou l'affectivité. Sur ces deux plans, nous ne divergeons que par le degré, quantitativement et non qualitativement. Ce qui fait l'essentiel, aux yeux de Rousseau, la différence spécifique [1], comme disent les logiciens, c'est ce qu'il appelle la « perfectibilité ». Cette idée, déjà présente en germe chez Pic de la Mirandole, renvoie à une définition de la liberté très précise et très particulière à laquelle Rousseau va cependant donner une dimension nouvelle dans l'histoire de la philosophie. La liberté, Rousseau la définit comme la capacité de s'arracher au déterminisme de la nature et de l'histoire, aux instincts naturels qui dominent la vie des animaux comme aux traditions qui emprisonnent si souvent celle des humains. Quand Rabaut-Saint-Étienne s'écriera, pour caractériser la Révolution française : « Notre histoire n'est pas notre code » – autrement dit : nous ne sommes pas prisonniers de l'Ancien Régime, nous pouvons nous en arracher par un acte révolutionnaire –, il mettra pour ainsi dire en actes la pensée rousseauiste de la liberté.

Mais voyons cela de plus près…

La liberté et l'histoire comme critères de différence entre humanité et animalité

À la différence des humains, les animaux semblent de part en part déterminés par leur instinct et régis par la

1. On cherche en effet une différence de nature, pas une différence contingente ou anecdotique comme il en existe des milliers : les animaux ne s'habillent pas, ne fument pas la pipe, ne portent pas de lunettes ni ne conduisent de voitures, etc. : on pourrait en

nature. Si l'on y réfléchit bien, on comprendra que c'est là la raison pour laquelle ils se ressemblent tous et n'ont pas ou très peu d'histoire. Rien ne ressemble plus à un petit chat qu'un autre petit chat, alors que l'être humain, lui, est capable, jusqu'à un certain point, de s'arracher à la nature : il possède une capacité de distanciation ou d'*écart* par rapport à celle-ci. Pour bien comprendre l'idée fondamentale de Rousseau, lisons ou relisons attentivement ce passage, aussi limpide que profond, du *Discours sur l'origine de l'inégalité* :

> Je ne vois dans tout animal qu'une machine ingénieuse, à qui la nature a donné des sens pour se remonter elle-même, et pour se garantir, jusqu'à un certain point, de tout ce qui tend à la détruire, ou à la déranger. J'aperçois précisément les mêmes choses dans la machine humaine, avec cette différence que la nature seule fait tout dans les opérations de la bête, au lieu que l'homme concourt aux siennes, en qualité d'agent libre. L'une choisit ou rejette par instinct, et l'autre par un acte de liberté ; ce qui fait que la bête ne peut s'écarter de la règle qui lui est prescrite, même quand il lui serait avantageux de le faire, et que l'homme s'en écarte souvent à son préjudice. C'est ainsi qu'un pigeon mourrait de faim près d'un bassin rempli des meilleures viandes, et un chat sur des tas de fruits, ou de grain, quoique l'un et l'autre pût très bien se nourrir de l'aliment qu'il dédaigne, s'il s'était avisé d'en essayer. C'est ainsi que les hommes dissolus se livrent à des excès qui leur causent la fièvre et la mort ; parce que l'esprit déprave les sens, et que la volonté parle encore, quand la nature se tait. […]
>
> Mais, quand les difficultés qui environnent toutes ces questions laisseraient quelque lieu de disputer sur cette dif-

---

effet trouver une infinité de différences non pertinentes, car ce qu'on cherche, c'est une différence qui ouvre sur l'essence de l'être humain, et notamment, sur sa capacité, à la différence des animaux, de distinguer le bien et le mal. Pourquoi l'homme éprouve-t-il le besoin de s'interroger sur l'éthique ?

férence de l'homme et de l'animal, il y a une autre qualité très spécifique qui les distingue, et sur laquelle il ne peut y avoir de contestation, c'est la faculté de se perfectionner ; faculté qui, à l'aide des circonstances, développe successivement toutes les autres, et réside parmi nous tant dans l'espèce que dans l'individu ; au lieu qu'un animal est, au bout de quelques mois, ce qu'il sera toute sa vie, et son espèce, au bout de mille ans, ce qu'elle était la première année de ces mille ans. Pourquoi l'homme seul est-il sujet à devenir imbécile ? N'est-ce point qu'il retourne ainsi dans son état primitif, et que, tandis que la bête, qui n'a rien acquis et qui n'a rien non plus à perdre, reste toujours avec son instinct, l'homme, reperdant par la vieillesse ou d'autres accidents tout ce que sa *perfectibilité* lui avait fait acquérir, retombe ainsi plus bas que la bête même [1] ?

L'oiseau ou le chat sont tellement programmés, tellement déterminés par leur instinct de granivore ou de carnivore qu'ils n'ont aucune liberté, aucune capacité d'écart par rapport à la règle de la nature. À l'inverse, là est l'intuition fondamentale de Rousseau, l'homme est si peu programmé par sa nature qu'il peut commettre des excès jusqu'à en mourir – voilà le fameux écart, cet *excès par rapport à soi* qui constitue le signe même de la liberté. Et c'est précisément cet écart qui permet aux hommes d'entrer dans ce qui fait le propre de l'humanité, la caractéristique qui les distingue vraiment de l'animalité, à savoir l'histoire.

La capacité d'avoir une double histoire

En fait, l'être humain possède une double historicité [2], il entre, pourrait-on dire, dans deux histoires. La première

1. Rousseau, *Discours sur l'origine et les fondements de l'inégalité parmi les hommes*, I, GF-Flammarion, 2012, p. 78-80.

2. Comme l'avait bien vu Alexis Philonenko dans sa remarquable introduction aux *Réflexions sur l'éducation* de Kant.

se confond avec l'histoire individuelle, et cela s'appelle l'*éducation*. Les animaux, eux, n'ont guère d'éducation. Ainsi des bébés tortues qu'on nous montre dans les documentaires animaliers, avec ces images de petites tortues marines qui, à peine sorties de l'œuf, savent déjà tout faire : marcher, nager, se nourrir ou trouver seules la direction de l'Océan sans avoir aucunement besoin de l'aide de leurs « parents » – là où le petit d'homme reste volontiers à la maison jusqu'à vingt-cinq ans ! Pourquoi ? Parce que la petite tortue est totalement programmée par un instinct naturel qui suffit à la guider, au lieu que le petit humain, lui, est incapable de vivre sans l'aide des adultes, sans une éducation qui parfois est fort longue. Cette historicité de l'éducation (la capacité à peser sur le cours de son histoire ou de l'orienter selon son éducation) est, comme on voit dans les exemples pris par Rousseau, liée au fait que l'être humain est libre, qu'il n'est pas entièrement déterminé par ce programme naturel qui, dans le règne animal, régit de part en part les spécimens appartenant à une même espèce. L'homme n'est donc pas voué à répéter toujours les mêmes gestes, les mêmes comportements inscrits de toute éternité dans une nature. Comme dira plus tard Sartre dans le même sens que Rousseau, il n'y a pas de « nature humaine », car l'homme n'est pas, ou en tout cas pas entièrement (car il est *aussi* un animal), enfermé dans quelque « logiciel » déterminant, pour parler un langage d'aujourd'hui. Or, cette non-programmation, c'est sa liberté même. C'est cet écart, par lequel l'homme peut s'écarter de la règle naturelle, qui lui permet d'opter pour le Bien ou pour le Mal et, en tout état de cause, de devenir l'acteur de son histoire.

C'est aussi une des raisons pour lesquelles Rousseau écrira, en 1762, ce grand classique de la pédagogie moderne qu'est l'*Émile* en posant une question, à son époque, tout à fait inédite, en rupture avec les pédagogies traditionnelles : quelle est l'éducation qui convient à un être libre, étant entendu qu'il ne peut plus s'agir du « dressage », lequel convient aux animaux mais point aux petits d'homme ? Comme on voit, la question est parallèle à celle de la politique qui pourrait, par analogie, se formuler de la façon suivante : quel mode de gouvernement convient à un peuple libre, un peuple formé d'êtres doués de cette liberté fondamentale qu'ignore le monde animal ?

Aux méthodes actives proposées dans l'*Émile* va correspondre la démocratie, proposée dans le contrat social – où l'on voit en quel sens je vous disais en commençant que l'anthropologie, la définition de l'homme, est bien la pierre angulaire de tout l'édifice philosophique de Rousseau, de sa théorie pédagogique comme de sa théorie politique.

Mais voyons encore ce qu'il en est de la deuxième historicité, également liée au fait que l'être humain est libre (qu'il n'est pas entièrement programmé par la nature) : nous ne sommes plus ici dans la sphère individuelle de l'éducation, mais dans celle, collective, de la culture et de la politique. Nous avons donc deux historicités, une historicité (ou une histoire) individuelle, celle de l'*éducation*, et une historicité (ou une histoire) collective, celle de la *culture* et de la *politique* : là où les sociétés animales sont sans histoires, comme les termitières, les fourmilières ou les ruches, dont l'organisation reste identique durant des millénaires, les grandes villes humaines changent de décennie en décennie, de siècle en siècle et, si l'on passe d'un millénaire à l'autre, elles sont carrément méconnaissables. Et pourquoi changent-elles ? C'est qu'à la différence des termitières, des ruches ou des fourmilières les sociétés humaines sont plongées dans l'historicité. Pourquoi ? Bien évidemment parce que l'humain est liberté, écart par rapport à la nature. Il suffit d'y réfléchir un instant pour le comprendre : si nous étions intégralement programmés par la nature comme les tortues, les abeilles, les termites ou les fourmis, nos sociétés ou nos grandes villes ne connaîtraient pas cette transformation permanente qui les caractérise au plus haut point. Elles seraient stables ou, pour être plus précis encore et n'être point contredit par les biologistes : le rythme de leur évolution serait le rythme de l'histoire des espèces, celui de l'évolution qui est, comme on sait, infiniment plus lent que celui de la culture et de la politique.

« L'homme entre dans deux historicités : une histoire individuelle, celle de l'éducation, et une histoire collective, celle de la culture et de la politique. »

Voilà en quel sens Rousseau écrit, la même année que l'*Émile*, son livre politique majeur, *Du contrat social* (1762). Deux œuvres où il invente la pédagogie moderne d'un côté (les méthodes actives) et la politique moderne (démocratique) de l'autre : dans les deux cas, il s'agit de s'interroger sur l'organisation politique ou pédagogique qui convient à des êtres doués de cette liberté définie comme capacité d'arrachement à la nature et à l'histoire. Dans les deux cas aussi, Rousseau va avoir une influence incomparable sur la naissance de l'humanisme moderne. Voyons comment, à partir de cette anthropologie nouvelle, se mettent en place sa philosophie de l'éducation et sa philosophie politique.

La philosophie politique de Rousseau

Commençons par la philosophie politique. Rousseau l'expose dans deux œuvres capitales, merveilleusement écrites et, qui plus est, sans jargon. Mais, malgré cette clarté apparente, elles n'en sont pas moins fort difficiles à comprendre et à interpréter, comme le montrent les milliers d'articles, de thèses de doctorat et d'ouvrages savants qui leur furent consacrés. D'abord, dans le *Discours sur l'origine et les fondements de l'inégalité parmi les hommes*, publié en 1755, Rousseau décrit non pas ce qui devrait être, mais ce qui est : non pas l'idéal, mais la réalité de la vie politique de son siècle. Comment en est-on arrivé, se demande-t-il, à un tel système d'inégalités et d'injustices ? Ce *Discours* inspirera d'ailleurs assez largement la pensée de Marx et, d'une manière plus générale, la pensée socialiste. Dans la seconde œuvre, le *Contrat social*, écrit sept ans plus tard, Rousseau décrit non plus ce qui est, mais ce qui devrait être ou ce qui aurait pu être si l'on avait pris la bonne direction, c'est-à-dire l'idéal démocratique qui devrait (ou aurait pu) remplacer l'organisation actuelle. En quoi Rousseau va figurer parmi les pères fondateurs d'une certaine tradition de pensée révolutionnaire, notamment celle qui s'exprimera chez les jacobins les plus favorables à un régime de démocratie directe et les plus hostiles au régime représentatif et libéral.

La fiction de l'état de nature

Commençons donc par ce fameux *Discours sur l'origine et les fondements de l'inégalité* où Rousseau développe notamment sa conception de l'état de nature. Qu'est-ce que l'état de nature en général, et que signifie-t-il chez Rousseau en particulier ? Le thème, inconnu dans l'Antiquité grecque, fait véritablement son apparition chez les jurisconsultes du XVIIe siècle, notamment chez Grotius (1583-1645) et chez Pufendorf (1632-1694). On le retrouve bien sûr dans l'œuvre de Thomas Hobbes, l'auteur du *Léviathan* (1651), que Rousseau connaît parfaitement. D'où vient cette idée bizarre d'un « état de nature » que l'humanité aurait connu à ses tout débuts, un état dans lequel il n'existerait pas encore de société civile ni de politique ? Les sociologues, en particulier Émile Durkheim, se sont gaussés de cette idée naïve des philosophes selon laquelle il aurait existé un état non politique et non social, comme si les êtres humains avaient longtemps pu vivre hors de la société. Et les mêmes sociologues ont fait valoir, en partisans du réalisme, que cet état n'avait de toute évidence jamais existé puisque, pour autant qu'on puisse le savoir, les humains se seraient organisés en sociétés politiques depuis la nuit des temps.

Pourquoi, alors, inventer cette fiction ? S'agit-il vraiment d'une naïveté de philosophes irréalistes et idéalistes, comme le pensent sans vraiment y réfléchir Durkheim et la plupart des sociologues, ou la notion recouvre-t-elle quelque chose de plus profond, quelque chose qui aurait échappé aux catégories un peu balourdes de la sociologie ? Pour commencer, Grotius et Pufendorf ne sont pas stupides, pas plus que Rousseau ou Hobbes : ils savent bien qu'il s'agit d'une fiction. Le début du *Discours sur l'origine de l'inégalité* s'ouvre du reste sur cette phrase par avance antisociologique, que j'ai toujours trouvée aussi pleine d'humour que d'audace : « Commençons donc par écarter tous les faits » ! [1] Si Rousseau reprend à son compte la fiction de l'état de nature, c'est en pleine connaissance de cause, et pour une raison qui échappe à Durkheim, mais qui n'est est pas moins tout à fait légitime et profonde. Il s'agit en fait de poser la question de l'origine du pouvoir : sur quoi le pouvoir politique est-il fondé ? Une question qui peut s'entendre en deux sens.

On peut d'abord la comprendre comme une question de fait : sur quoi le pouvoir s'est-il *de facto* fondé, sur quoi s'est-il appuyé historiquement parlant, dans les différentes sociétés existantes ? Sur ce point, le *Discours* tente de décrire ce qui s'est passé ou, du moins, ce qui a pu se passer pour que s'installe un pouvoir monarchique et inégalitaire. Rousseau décrit alors ce qu'il croit être la réalité de son temps et l'histoire qui a pu y conduire.

Mais la question peut aussi s'entendre en un sens non plus réaliste, mais, au sens le plus noble, idéaliste : sur quoi *faudrait-il* fonder le pouvoir politique pour qu'il soit juste, dans quels principes devrait-il s'enraciner pour posséder une autre légitimité que celle de la simple loi du plus fort – laquelle, en vérité, n'a aucune légitimité. C'est ici toute la question de la justice, de la légitimité du pouvoir politique qui est en jeu.

Or, pour pouvoir la poser – qu'est-ce qu'un pouvoir légitime ? Que devrait-il être dans l'idéal ? –, il faut précisément élaborer la fiction d'un état non politique ou prépolitique, l'hypothèse fictive d'un état de nature antérieur à l'apparition de la société policée, seul moyen d'imaginer quelle pourrait être la transition vers un gouvernement fondé sur un contrat, c'est-à-dire sur la volonté des hommes, que ce contrat soit réel et injuste, et là on est plutôt dans la sociologie et dans l'histoire ; ou qu'il soit légitime et idéal, et c'est là plutôt l'affaire de la philosophie politique. Question qui revient à se demander ce que pourrait être, ou ce qu'aurait pu être – car Rousseau est assez pessimiste, il n'est pas certain que ses idées pourront s'appliquer : il est peut-être bien trop tard, étant donné la corruption des mœurs des pays civilisés – un régime politique qui ne bafoue pas les droits d'un peuple libre, la réponse étant bien entendu à trouver selon lui dans l'idéal démocratique.

« L'état de nature, pour Rousseau, est certes préférable à un état civil mauvais, inégalitaire et inique, mais il ne vaut en aucun cas la démocratie idéale ou directe qu'il appelle de ses vœux dans le Contrat social. *»*

L'amour de soi, la pitié et la perfectibilité

Ces deux grandes interrogations correspondent donc, pour l'essentiel, aux deux grandes œuvres de Rousseau, le *Discours* (qui, partant de l'hypothèse fictive de l'état de nature, ne s'en place pas moins pour autant sur le plan historique de la description de l'état réel de la monarchie de son temps) et le *Contrat social* (qui se situe sur le plan idéal ou utopique et tente de décrire une démocratie parfaite).

Poursuivons donc l'analyse du *Discours*, avec sa célèbre description initiale de l'état de nature. À l'état de nature, quelles sont les caractéristiques de l'être humain ? Les humains vivent seuls ou presque. Ils se croisent de temps à autre pour s'accoupler, mais, globalement, ils vivent séparés les uns des autres. Dans cet état originel, les humains sont dotés de trois caractéristiques fondamentales.

La première, c'est ce que Rousseau appelle l'« amour de soi », qu'il ne faut surtout pas confondre avec l'amour-propre. L'amour-propre renvoie déjà à un stade ultérieur de civilité que Rousseau désigne sous le nom d'état barbare, où l'homme a déjà quitté l'état de nature pour céder à la volonté d'être supérieur aux autres, au souci de la distinction et de la vanité qui lui font désirer être plus riche, plus beau, plus puissant, etc., que ses semblables – un sentiment que le philosophe place à l'origine de l'appétit pour le luxe ou la richesse dont Voltaire incarne à ses yeux l'archétype parmi ses contemporains. Ce qui domine l'état de nature, ce n'est nullement l'amour-propre, mais l'*amour de soi*, c'est-à-dire l'instinct de conservation. L'être humain est doté, comme les animaux d'ailleurs, de cet amour de soi qui l'incite à « persévérer dans son être », comme le dit Spinoza, à vouloir se conserver en vie. Voilà pourquoi l'amour de soi constitue l'embryon de l'intelligence, car cette dernière va devoir être sollicitée et mobilisée en vue de la conservation de soi. D'où le fait que l'être humain, à l'état de nature, devient un grand chasseur, qu'il fabrique des armes pour se défendre, des outils pour faire du feu, des vêtements pour s'abriter de la pluie, du froid ou du soleil, etc. L'amour de soi est donc à l'origine de l'intelligence humaine, conçue comme faculté d'adaptation aux innombrables difficultés que les humains rencontrent dans l'univers naturel.

La deuxième caractéristique de cet humain à l'état de nature, c'est la *pitié* [2] – thème qui va hélas donner lieu, une fois caricaturé par Voltaire, au fameux mythe du « bon sauvage » qu'on reprochera tant à Rousseau –, mythe qu'on formulera, jusque dans nos manuels de littérature d'aujourd'hui, sous la forme, elle aussi caricaturale, d'un slogan selon lequel « l'homme est bon par nature, mais la société le rend mauvais ». En fait, Rousseau est, comme toujours, bien plus profond que ses commentateurs. Ce qu'il veut dire, c'est qu'à l'état de nature, de même qu'il possède l'embryon de l'intelligence, l'homme possède aussi les prémices de la moralité, du souci de l'autre, et ce par l'intermédiaire d'un sentiment très puissant : la pitié. Naturellement, les êtres humains sont plutôt portés à la compassion, ils sont attristés de voir un autre être humain souffrir ou mourir. Bien qu'ils vivent seuls, ils sont peut-être plus attentifs, plus authentiquement soucieux des autres à l'état de nature que dans cet état de luxe et de vanité qui définit la vie moderne, où, le plus souvent, le souci de l'autre relève de l'hypocrisie. Dans le monde moderne, ainsi pense Rousseau non sans profondeur, l'homme est seul quand il est avec les autres et avec eux quand il est seul : quand il est avec les autres, en effet, il n'est que compétition et vanité, et quand il retrouve la solitude, en rentrant chez lui le soir, après un dîner dans un salon, il pense avec amertume, envie, jalousie ou orgueil à ces « autres » qu'il vient juste de quitter…

La troisième caractéristique, que nous avons déjà évoquée, n'est autre que la perfectibilité ou la *liberté*. Soit la capacité qu'a l'homme de s'arracher à la nature et de construire par l'histoire un monde artificiel, éventuellement maléfique et mauvais (celui du luxe, de la vanité, des inégalités), mais qui pourrait aussi être un monde meilleur, voire bien meilleur que l'état de nature. Ce sera tout l'objet du *Contrat social* [**3**]. Rousseau est convaincu que, si nous étions capables de construire une société politique ou une société civile parfaite (du moins telle qu'il la conçoit idéalement), cette dernière serait bien supérieure à l'état de nature. Alors, ne lui faisons pas dire que l'état de nature est supérieur à l'état civil. L'état de nature, pour Rousseau, est certes préférable à un état civil mauvais, inégalitaire et injuste, mais il ne vaut en aucun cas – comme il le dit d'ailleurs on ne peut plus explicitement dans le livre I du *Contrat* – la démocratie idéale qu'il tente de définir et appelle de ses vœux dans *Du Contrat social.*

L'apparition des inégalités, de l'injustice et de l'oppression

Alors, si l'homme est plutôt intelligent, bon et libre au départ, comment naît l'inégalité ? Comment expliquer l'apparition d'une société fondée sur un marché de dupes, sur un mauvais contrat social et un pouvoir politique illégitime où les pauvres se font berner par les riches ? Que s'est-il donc passé pour qu'on en arrive là, à cet absolutisme qui réduit des hommes libres à l'état de servitude ? Il se passe qu'au bout d'un certain temps les hommes finissent par se rencontrer, par nouer des liens, par tomber amoureux, par exemple, si bien que la démographie augmente. Du coup, des formes de sociabilité nouvelles commencent à s'installer, de sorte que les hommes vont entrer dans ce fameux « état barbare », un état intermédiaire entre l'état de nature (où l'homme vit plutôt seul) et l'état civil et politique (où il vit en société). L'état barbare constitue ce moyen terme où les êtres humains sont de plus en plus en contact avec les autres, d'où l'apparition de cette dimension bien funeste de l'humanité : l'amour-propre, la vanité, ce que les sociologues appelleraient aujourd'hui le souci de la « distinction », la volonté de se distinguer des autres par la beauté, la force, les possessions, le luxe… et finalement l'argent.

« Au bout d'un certain temps, les hommes finissent par se rencontrer, si bien que la démographie augmente. Du coup, ils vont entrer dans ce que Rousseau appelle l'"état barbare", marqué par la volonté vaniteuse de se distinguer des autres. »

Bien évidemment, derrière toute cette description, c'est une critique de la société des Lumières et du luxe qui se dessine : là où Voltaire pense qu'une société qui développe le raffinement du luxe, les Lumières et la civilité ne saurait être entièrement mauvaise, Rousseau, lui, élabore une des premières grandes critiques du monde moderne. À bien des égards, il rejoint les pensées que Lucrèce et Pascal avaient déjà formulées à propos du « divertissement ». La critique de Rousseau s'enrichit toutefois d'une connotation nouvelle avec l'accent mis sur la distinction sociale, cette idée que ce sont l'orgueil, l'arrogance et la vanité qui dominent la quête du luxe, et non pas, comme le pense Voltaire, la quête du progrès, des Lumières et de la civilité. Rousseau, lui, refuse de voir dans le luxe une forme de civilité préparant pour ainsi dire à la moralité, à la manière, par exemple, de la politesse. Rousseau y voit au contraire une des origines de l'inégalité parmi les hommes. Pourquoi ? Parce que la quête du luxe conduira certains humains à vouloir être plus puissants et plus riches que les autres. D'où le développement de ces deux grandes activités humaines que sont la métallurgie et l'agriculture : celui qui nous a fait passer de la hache de pierre à la hache de fer est le véritable inventeur de l'inégalité sociale. Pourquoi ? Parce que, avec cette fichue hache de fer, on pourra travailler beaucoup plus et, du coup, amasser plus de biens que nécessaire, et gagner beaucoup plus d'argent aussi. Grâce aux outils en fer que les hommes, à la recherche du luxe, vont fabriquer, la métallurgie et l'agriculture vont contribuer à l'apparition du clivage social le plus fondamental qui soit : celui qui oppose, avec l'invention de la division du travail, le petit nombre des riches à la masse des pauvres.

Avec la division du travail, c'est la différence entre riches et pauvres qui s'installe définitivement : grâce au développement de la métallurgie et de l'agriculture mécanisée, les riches accumulent tellement de richesses qu'ils sont bientôt en mesure d'asservir les pauvres et de les amener à travailler pour eux – c'est la naissance du salariat. Du coup, que vont faire les plus puissants ? Ils vont inventer un système politique qui garantisse la pérennité de leur domination. On retrouvera quasi la même idée chez Marx, pour qui la classe politique n'est rien d'autre que la superstructure de la classe économique, l'instrument de domination mis en place par la classe dominante. Cette idée est déjà présente chez Rousseau : les riches vont mettre sur pied un mauvais contrat social, un contrat social inégalitaire, de façon à mettre les pauvres à leur service et ajouter ainsi la domination politique à la domination économique. Le voilà, le mauvais contrat social, celui que décrit le *Discours sur l'origine de l'inégalité* et qui, selon Rousseau, caractérise encore au plus haut point son époque de monarchie absolue.

La démocratie directe ou l'idéal politique selon Rousseau

Un peu plus tard, en 1762, Rousseau entreprend donc de décrire, non plus l'origine de cette société du luxe corrompue, oppressive et inégalitaire, mais ce qui devrait être ou ce qui aurait pu être. Le philosophe, en effet, est plutôt dans l'irréel du passé : pessimiste, il n'est pas certain, loin de là, que la démocratie directe puisse encore véritablement prendre forme dans nos sociétés civilisées. Il y voit plutôt un système susceptible de fonctionner dans de petites cités, comme l'était la démocratie directe au sein des cités grecques. Ce type de démocratie, qui fonctionne sans représentant, pourrait éventuellement s'envisager en Corse, peut-être à Genève. Au sein de grandes nations comme la France, en revanche, Rousseau a tendance à penser que c'est trop tard. De toute façon, en admettant même que les citoyens ne soient pas totalement corrompus par la civilisation moderne du luxe et de la vanité, les grands pays se prêtent par définition mal à la démocratie d'assemblée qui suppose des communautés restreintes, plutôt des cités que des nations.

Cette présentation du système politique idéal tourne autour de quatre idées fondamentales – il y en a beaucoup d'autres, mais je pense que ce sont les quatre principales. La première, je l'emprunte à un écrit de Benjamin Constant, *De la liberté des Anciens opposée à celle des Modernes*, un texte court, d'inspiration libérale, écrit en 1819, et qui, sur ce point, apporte une bonne lecture de Rousseau. Benjamin Constant explique dans ces pages, aussi brèves que puissantes, en quel sens il existe deux conceptions de la liberté et, avec elles, deux conceptions de la démocratie : une démocratie directe, à l'ancienne, comme chez les Grecs, et une démocratie moderne, adaptée aux grandes nations, qui ne peut bien évidemment être que représentative et libérale.

> *« Rousseau voit dans la démocratie directe un système susceptible de fonctionner uniquement dans des petites cités. On pourrait éventuellement l'envisager en Corse, peut-être à Genève. »*

La démocratie grecque, la démocratie ancienne repose sur ce que Constant appelle la *liberté des Anciens*. Tous les citoyens, en tout cas les hommes libres, participent directement à l'élaboration de la loi. Il n'y a ici ni représentation nationale, ni chambres des députés ni parlement (le système représentatif moderne, débarrassé de ce qu'on appelle encore durant les états généraux de 1789 le « mandat impératif », c'est-à-dire l'obligation faite aux représentants des baillages et des ordres d'être comme des ambassadeurs, liés par des instructions impératives données par leurs mandants, n'apparaîtra en Europe qu'après la Révolution française). Avec les Grecs anciens, nous sommes dans la démocratie directe, sur l'Agora, la place publique, là où les lois sont élaborées et votées directement par les citoyens (du moins par les « hommes libres »).

À quoi doit ressembler, par contraste, la *liberté des Modernes* ? Selon Constant, sa logique est inverse, puisqu'il s'agit de déléguer à des représentants le pouvoir de fabriquer les lois : nos parlementaires, députés ou sénateurs élus, sont chargés par nous – le peuple – de concevoir les lois. Ils sont nos délégués, presque nos employés, comme le facteur qui est chargé d'acheminer nos courriers. De là la distinction qui caractérise toutes les sociétés libérales entre souveraineté nationale et souveraineté populaire. Quant à nous, les citoyens, nous ne nous occupons plus directement de la loi : nous sommes entrés dans le régime de la démocratie représentative.

Rousseau rejette de toute son âme ce régime libéral, représentatif, que Constant et Tocqueville tiennent au contraire pour bien supérieur à la démocratie directe à l'ancienne. Le système que Rousseau présente dans son *Contrat social* relève bien, sur ce point Constant voit juste, de la démocratie à l'ancienne (mais, à bien des égards, on le retrouvera dans les utopies conseillistes, autogestionnaires, qui refleuriront notamment en mai 68) : il implique, lui, que l'ensemble des citoyens participe à l'élaboration de la loi, qu'ils ne se dessaisissent jamais de l'exercice de la liberté politique qui réside d'abord et avant tout, à ses yeux, dans le corps législatif. Dans une démocratie véritable, le corps législatif, ce n'est pas le parlement, c'est le peuple tout entier.

La théorie rousseauiste de la loi

C'est là la deuxième idée fondamentale, qui se trouve développée dans la *théorie de la loi.* Rousseau souligne un aspect essentiel de la véritable liberté démocratique, à savoir que, quand le peuple s'occupe de concevoir et de voter une loi, il est à la fois actif (quand il élabore la loi) et passif (quand il accepte de s'y soumettre lui-même et de la respecter). Pour formuler les choses autrement : il est tout à la fois libre et contraint. Il est actif dans la mesure où il conçoit la loi, la vote et l'institue. En cela, il est le « législateur » – et on peut dire que le peuple, en démocratie directe calquée sur le modèle grec, est tout entier le législateur. Il est passif dans la mesure où, quand la loi est adoptée, elle s'applique à lui-même. Le peuple est donc souverain (au sens où il est à l'origine de la loi) et sujet (au sens où il est dans la sujétion, où il se soumet librement à l'autorité de la loi). C'est là toute la signification de cette fameuse sentence tirée du *Contrat social* selon laquelle « la liberté, c'est l'obéissance à la loi qu'on s'est prescrite » [4].

Car cette contrainte de la loi, on le voit, n'est pas une négation de la liberté, puisqu'il s'agit bien d'une loi qu'on a fabriquée, choisie par soi-même et qu'on s'applique volontairement à soi-même. D'où une conception de la démocratie où le peuple, encore une fois, est à la fois souverain et sujet : le souverain, ce n'est plus le roi ou la classe politique, c'est le peuple tout entier qui est en même temps, pris sous un autre angle, son propre sujet [5]. L'idéal démocratique réside donc à proprement parler dans l'autonomie, au sens étymologique du terme, c'est-à-dire dans le fait de se donner à soi-même (*auto*) sa propre loi (*nomos*).

« La liberté, c'est l'obéissance à la loi qu'on s'est prescrite. »

La troisième idée est liée au fait que le peuple, malgré tout, doit bien en quelque façon être aidé pour fabriquer les lois, il faut qu'il soit à cette fin conseillé et éduqué. Ce sera précisément le rôle du *législateur*, ce personnage un peu mystérieux qui occupe une place très particulière dans le dispositif conçu par Rousseau. Il est en quelque sorte chargé de proposer, voire de suggérer délicatement au peuple les bons contenus législatifs, la bonne politique à mener dans le cadre de la loi [**6**]. Quant à l'exécutif, ses magistrats doivent être liés au peuple par ce fameux « mandat impératif » qui, aux yeux des libéraux comme Constant et Tocqueville, renvoie à nouveau à des figures anciennes, voire archaïques de la démocratie. Autrement dit, le chef de l'exécutif selon Rousseau serait un peu face au peuple comme un de nos actuels ambassadeurs face à l'Élysée : un magistrat (dans la langue de Rousseau), qui peut être démis de ses fonctions à tout instant et qui n'a en aucun cas le droit de prendre des libertés avec les instructions qu'on lui a données. Dire que le gouvernement est en permanence lié au peuple par un mandat impératif signifie qu'il est révocable à chaque seconde et qu'il n'a pas le droit, lui non plus, de s'évader des instructions qui lui sont prescrites par le peuple, autrement dit par le corps législatif tout entier.

> *« Le magistrat de Rousseau serait un peu face au peuple comme un de nos actuels ambassadeurs face à l'Élysée : un magistrat (selon le vocabulaire de Rousseau) qui peut être démis de ses fonctions à tout instant et qui n'a en aucun cas le droit de s'évader des instructions qu'on lui a données. »*

De la fête comme métaphore de la démocratie

Enfin, Rousseau voit dans la fête, par opposition au théâtre, la métaphore ou le symbole de son idéal démocratique. Cette quatrième idée, il la développe dans sa *Lettre à d'Alembert sur les spectacles* que nous avons déjà mentionnée. Écrite en 1758, elle est en grande partie dirigée contre Voltaire, qui souhaitait qu'on créât un théâtre à Genève, projet auquel Rousseau s'oppose de toutes ses forces. Quel rapport avec l'idée démocratique ? Pour Rousseau, le théâtre représente le symbole par excellence de la royauté et de l'absolutisme. Pourquoi ? Parce que, dans le théâtre, les spectateurs – si l'on poursuit la métaphore : les citoyens – ne sont ni actifs ni reliés directement entre eux. Enfermés dans un « antre obscur », comme dit Rousseau, ils sont plongés dans le noir, ils sont passivement assis, soumis à un spectacle qu'ils n'ont pas créé eux-mêmes et qu'on leur impose de l'extérieur. Seuls les acteurs, comme leur nom l'indique, sont actifs. Les spectateurs ont tous le regard tourné vers la scène éclairée, tandis qu'ils sont relégués au second plan, ce que symbolise cette ombre où ils sont tenus de rester silencieux. Ils ne sont reliés entre eux que par un troisième terme, à savoir ce qui se passe sur la scène, justement, en quoi l'on peut voir l'équivalent du roi, de cet absolutisme qui prétend unir de l'extérieur une nation de citoyens passifs.

« La fête représente, aux yeux de Rousseau, l'image même de la démocratie. Dans la fête, il n'y a ni troisième terme ni spectacle extérieur : nous sommes dans l'intersubjectivité directe, au grand jour, les citoyens ne sont pas dans l'obscurité : ils sont en pleine lumière car ils sont l'essentiel ! »

Au théâtre, spectacle monarchique, Rousseau oppose la fête, symbole de la démocratie. Dans la fête règne l'intersubjectivité, les citoyens ne regardent pas dans une direction extérieure à eux, mais se regardent les uns les autres. Il n'y a plus ni troisième terme, ni passivité, ni second plan, ni spectacle extérieur : nous sommes dans l'intersubjectivité directe et non médiatisée indirectement par ce qui se déroule sur une scène. Et voilà pourquoi elle représente, aux yeux de Rousseau, l'image même de la démocratie. Là, les citoyens, spectateurs d'eux-mêmes, sont enfin en pleine lumière, car ils sont l'essentiel. On ne fait pas la fête sous la pluie, mais plutôt autour d'un feu ou, si possible, au soleil. Rousseau pense que le soleil est un élément important dans la démocratie directe qui implique qu'on puisse se réunir (comme dans la fête), qu'on puisse se retrouver sur la place du village, comme à Sparte sur l'Agora, et qu'on puisse, dans cette sorte d'intersubjectivité directe, fabriquer ensemble la loi.

Résumons-nous : quand Rousseau définit l'humain par sa perfectibilité, c'est-à-dire par sa liberté entendue comme faculté de s'arracher aux déterminismes de la nature et de l'histoire, il a donc deux grandes questions en tête : quelle éducation et quelle politique correspondent à un peuple d'êtres libres ? Pour ce qui concerne la politique, la réponse, on vient de le voir, c'est la démocratie directe. Voyons maintenant ce qu'il en est du côté de la pédagogie.

> *« Ce qui est bon pour cet être libre qu'est l'enfant, c'est la dépendance à l'égard des choses et non, comme dans le dressage des animaux, la dépendance à l'égard des hommes. »*

UNE PHILOSOPHIE DE L'ÉDUCATION

C'est Kant qui, le premier, dans ses *Réflexions sur l'éducation*, a tenté de tirer de manière systématique les conséquences de la pensée rousseauiste en matière de pédagogie. Kant y présente la pensée de Rousseau de manière à la fois profonde et juste : on peut donc sans hésiter le prendre comme guide pour retracer les lignes de force d'une philosophie de l'éducation qui allait marquer toute la modernité. L'idée centrale de cette nouvelle pédagogie, c'est que ce qui convient à un enfant, qui n'est pas un petit animal, c'est-à-dire à un être libre et non pas à un être qu'on va simplement dresser, c'est l'éducation par les choses et non l'éducation par les hommes. Ce qui est bon pour l'enfant, c'est la dépendance des choses et non la dépendance des hommes. Qu'est-ce que cela signifie ? Pour comprendre la formule, il faut se souvenir qu'il existe déjà à l'époque de Rousseau et de Kant trois conceptions [1] de l'éducation, trois visions de l'enfance qui commencent à s'affronter entre elles.

1. Là encore, il faut se référer à la belle introduction d'Alexis Philonenko aux réflexions sur l'éducation de Kant.

Trois conceptions de l'éducation, trois philosophies politiques : le jeu, le dressage et le travail ; l'anarchisme, l'absolutisme et la république

À un extrême, on trouve la *pédagogie du dressage* : c'est l'éducation à l'ancienne, celle qui correspond aux yeux de Rousseau, sur le plan politique, à l'absolutisme. Pour Rousseau comme pour Kant, l'éducation par le dressage part du principe que l'enfant est semblable à un animal : on le traitera donc comme un être intégralement passif, comme une statue de cire que l'on va contraindre, presque de force, à emmagasiner les connaissances qu'on va déverser d'en haut dans sa tête, à coups d'autoritarisme magistral. Cette éducation ne convient en vérité qu'aux animaux. Comme dans l'absolutisme, l'être humain y est traité comme un pur sujet, comme un être de part en part plongé dans la sujétion, dans la soumission, dépourvu de toute liberté.

À l'autre extrémité, il y a, formant comme une antinomie avec l'idéologie du dressage à laquelle elle s'oppose point par point, la *pédagogie du jeu.* Sur le plan politique, l'éducation par le jeu correspond à l'anarchie. Les premières théories anarchistes apparaissent, elles aussi, au XVIIIe siècle. À l'inverse de la pédagogie du dressage, la pédagogie du jeu considère que l'enfant est un être si totalement libre qu'on ne doit rien lui imposer. Par exemple, on n'enseignera plus les mathématiques : on les remplacera par des jeux intelligents, comme le jeu d'échecs ou le whist, des jeux de société ou de cartes sophistiqués. L'enfant ne sera plus obligé de faire des exercices.

De même que l'absolutisme et le dressage nient la liberté, la pédagogie du jeu et l'anarchie nient l'ordre. D'un côté nous avons la liberté sans l'ordre ; de l'autre, nous avons l'ordre sans la liberté.

Comment faire la synthèse ? Par la *pédagogie du travail.* Cette troisième conception est cette fois l'analogue de la théorie républicaine de la loi élaborée par le *Contrat social*. Je disais tout à l'heure que, dans l'élaboration de la loi, le peuple est à la fois souverain et sujet, actif et passif. C'est en ce sens que l'analogue de la loi, dans le domaine de la pédagogie, ce sera le travail, l'activité qui consiste à résoudre des « problèmes », comme on dit à l'école. Lorsqu'un enfant doit résoudre un problème, il est à la fois libre et contraint, actif et passif : libre parce qu'on lui demandera de résoudre librement le problème qu'on lui pose, de le faire par lui-même, activement. On lui met, si je puis dire, des obstacles « dans les pattes », des obstacles qui conviennent à son âge, en proportion des difficultés qu'il est capable de surmonter. Le bon maître est celui qui donne à l'élève des problèmes qui sont à son niveau : c'est en surmontant activement ces difficultés par le travail qu'il va se former.

Dans le travail comme en démocratie, nous sommes donc à la fois libres et contraints, actifs et passifs, exactement comme dans la théorie rousseauiste de la loi où nous sommes à la fois souverains et sujets. Le travail est ainsi au cœur de la pédagogie républicaine, au cœur de l'idée de citoyenneté. À l'opposé de l'univers aristocratique, on voit apparaître chez Rousseau l'idée qu'un homme qui ne travaille pas n'est pas seulement un homme pauvre, parce qu'il risque de ne pas avoir de revenu, de quoi vivre, mais c'est surtout un pauvre homme, parce qu'il ne se cultive pas et qu'à la limite, il ne s'humanise pas. Si l'homme est liberté, c'est en transformant le monde qui l'entoure qu'il devient vraiment homme, c'est en travaillant qu'il s'enrichit, dans tous les sens du terme. Le lien que Rousseau dévoile ici entre l'idée républicaine et le travail est d'une profondeur abyssale. Il restera gravé dans l'histoire de l'école de la république jusque dans ses petits détails, ses « bons points », ses bonnets d'âne et ses « Peut mieux faire ! »…

Dans l'*Émile* de Rousseau, on trouve évidemment beaucoup d'autres considérations de toutes sortes, depuis l'emmaillotage des bébés jusqu'à l'idée que la lecture est inutile, parce qu'elle ne remplace par l'observation directe des choses, de la nature, bref des vues diverses avec lesquelles on peut être parfois d'accord, parfois en désaccord. Il n'en reste pas moins que l'idée fondamentale selon laquelle ce qui convient à un être libre, c'est d'un côté la démocratie républicaine, de l'autre la pédagogie du travail, idée qui sera développée par les nombreux disciples de Rousseau, notamment par Pestalozzi, Fichte et Kant, aura une influence capitale sur la naissance de l'école moderne.

« Dans la pédagogie du travail comme en démocratie, nous sommes à la fois libres et contraints, actifs et passifs, exactement comme dans la théorie rousseauiste de la loi où nous sommes à la fois souverains et sujets. »

L'ESTHÉTIQUE DE ROUSSEAU

Quelques mots encore sur la théorie esthétique, c'est-à-dire sur la quatrième grande idée qui domine la pensée de Rousseau (après la théorie de la liberté humaine (1), celle de la démocratie (2) et celle de la pédagogie (3)). Sa théorie esthétique apparaît aujourd'hui encore comme tout à fait passionnante. Rousseau lui-même est musicien, il écrira d'ailleurs un traité de la notation et plusieurs œuvres musicales, dont un opéra, *Le Devin du village*, monté à Fontainebleau en octobre 1752. Ce n'est peut-être pas un grand opéra, mais Rousseau est tout de même un bon musicien qui connaît l'analyse et la composition. Son système de notation musicale, trop compliqué, n'a pas été retenu, mais son existence même prouve qu'il s'est intéressé sérieusement à la question. Rousseau, amoureux de la nature sauvage, va développer une esthétique qui se présente déjà comme une esthétique romantique, une esthétique du cœur, du sentiment et de la délicatesse, plutôt qu'une esthétique classique, de la raison cartésienne.

LA « QUERELLE DES BOUFFONS »

Cette esthétique du sentiment s'exprimera notamment, entre 1752 et 1754, à l'occasion d'une querelle musicale d'une ampleur considérable : la querelle dite « des bouffons ». Pourquoi cette curieuse dénomination de « querelle des bouffons » ? Parce que « bouffe », mot qui vient directement de l'italien *buffo*, signifie « qui prête à rire », « qui est grotesque », connotation que l'on retrouve d'ailleurs dans les usages contemporains du mot, un « bouffon » étant en principe quelqu'un qui fait rire. La querelle porte donc sur l'opéra comique, dont les compositeurs italiens sont alors les représentants les plus illustres. Elle va mobiliser tout ce que Paris compte de mélomanes et de musiciens, à commencer par Rameau, mais aussi plusieurs grands intellectuels, dont d'Alembert, Grimm et Diderot. Elle fut d'une violence inouïe : on en viendra aux mains et Rousseau lui-même sera bastonné ! La querelle tourne autour d'une question de prime abord un peu byzantine, mais qui recouvre en réalité toute l'opposition entre l'art classique français d'un côté, centré sur la raison cartésienne – le classicisme du XVIIe et du XVIIIe siècle – et, de l'autre, la naissance de l'esthétique romantique, centrée sur le cœur, la « délicatesse » et le sentiment.

La controverse est déclenchée par la représentation d'un opéra italien de Pergolèse, *La Serva padrona* (*La Servante maîtresse*), le 1er août 1752 à l'Académie royale de musique (qu'on n'appelle pas encore l'Opéra de Paris). L'œuvre de Pergolèse fait scandale et oppose deux clans : d'un côté, le « camp du roi », les partisans de la musique française qui se rangent derrière leur « pape », Rameau ; de l'autre côté, le « camp de la reine », les partisans de la musique italienne, qui se regroupent sous la bannière de Rousseau. Quel est l'enjeu de la querelle ? Elle dresse en apparence, de façon disais-je un peu byzantine mais en réalité très profonde, les partisans de la mélodie (Pergolèse) contre ceux de l'harmonie (Rameau et le classicisme français). Qu'y a-t-il de profond derrière ce choix ? Rien de moins que le conflit entre classicisme et romantisme.

Qu'est-ce, en effet, que la mélodie ? Elle est, dans cette perspective, censée être la traduction directe, pour ainsi dire le reflet des élans du cœur, des passions. Ce dont il s'agit dans cette controverse, nous l'avons dit, c'est de l'opéra comique. Mais ce dernier ne vise pas seulement l'humour : il est aussi animé par la volonté plus profonde de rendre, par la mélodie ou par la voix, les passions humaines et les mouvements du cœur. Au lieu que, dans la tradition du classicisme français représentée par Rameau, qui défend l'harmonie plutôt que la mélodie, il s'agit au contraire de faire une musique mathématique, une musique naturelle au sens cartésien du terme, c'est-à-dire une musique de la raison et des proportions. Ce qu'on appelle les « harmoniques », en musique, repose en effet sur des proportions mathématiques : la tierce, la quinte, la quarte, etc. Et Rameau, dans son *Traité d'analyse*, est convaincu qu'on peut mathématiser la musique et, en quelque sorte, la fabriquer scientifiquement. Il est à l'opposé de ce déferlement de sentimentalité, de ces élans du cœur que la mélodie de Pergolèse tente, au contraire, de traduire.

> *« Dans cette querelle esthétique, d'une portée considérable, on retrouve toujours cette opposition, chère à Rousseau, entre la belle nature, la nature sauvage, et cette civilité parisienne du luxe qui conduit aux inégalités sociales. »*

On comprend qu'en réalité se met ici en place toute l'opposition entre la conception rousseauiste et la conception cartésienne de l'esthétique (où l'œuvre d'art est en quelque sorte la présentation sensible d'une idée de la raison, en l'occurrence l'idée mathématique). Nous y reviendrons longuement dans un prochain exposé consacré à la naissance de l'esthétique moderne. Notons déjà ici que l'équivalent, dans un autre domaine, de la musique de Rameau, c'est le jardin à la française, un jardin mathématique où les arbres sont taillés en triangle, en losange ou en rectangle. L'idée, comme chez Rameau, c'est que la vraie nature, ce n'est pas la nature vierge, sensible, sauvage, mais celle qui est saisie par l'intelligence, notamment par les mathématiques, un peu comme on dirait aujourd'hui que la formule chimique H_2O est la vraie « nature » de l'eau. Non pas l'eau dans laquelle on plonge la main, l'eau chaude ou froide, liquide et sensible, mais l'eau saisie par l'intelligence, par la science. Comme dans les comédies de Molière, l'art classique français privilégie l'esprit sur la sensibilité, il cherche toujours à atteindre les essences idéales, pas ce qui se voit ou se touche seulement par les organes des sens, mais ce qui ne peut être saisi que par l'intelligence et qui est caché derrière les apparences sensibles : c'est la nature humaine, au sens de l'essence de l'homme, que cherche Molière quand il décrète qu'il faut « peindre d'après nature », lorsqu'il nous décrit des types idéaux : le misanthrope, l'hypocondriaque, l'hypocrite, le Don Juan ou les snobs (les précieuses)...

De même que l'art des jardins à la française mathématise la nature pour en saisir l'essence intellectuelle, Rameau, lui aussi, dans son *Traité d'analyse*, entend présenter une musique mathématique. Du coup, c'est l'harmonie qui est privilégiée. Au contraire, Rousseau préfère le jardin anglais qui met en scène la nature foisonnante, celle qui sent bon, qui fait du bruit, qui ressemble à la nature sauvage. On trouve, là encore, une critique de la Civilisation avec un grand « C », puisque Rousseau, lui, préfère la nature originaire. La nature géométrisée des Français lui paraît comme torturée, au sens où l'on torture les troènes ou les peupliers en les taillant pour en faire des figures mathématiques. Derrière cette querelle, d'une extrême violence, et pas seulement verbale, on perçoit déjà cette volonté de revenir à l'*Ur-Natur*, à la nature originaire, comme diront les romantiques allemands, jugée de loin préférable à une nature civilisée et humanisée – celle, justement, qui a les faveurs de Rameau, Voltaire et, d'une manière générale, de tous les représentants des Lumières et du classicisme français.

Où l'on retrouve à nouveau en filigrane cette opposition, chère à Rousseau, entre la belle nature, la nature sauvage, et la nature humanisée au nom de cette civilité parisienne du luxe qui s'accompagne des inégalités sociales. Dans cette civilité parisienne, Rousseau y revient sans cesse d'une formule que nous avons déjà évoquée, mais qu'il faut citer ici encore : l'homme est seul quand il est avec les autres, et il est avec les autres quand il est seul. Il est seul quand il est avec les autres, car il est dans la vanité, dans la logique de la distinction, dans la recherche de la supériorité artificielle et arrogante, dans cette espèce de compétition que la société capitaliste est d'ailleurs en train de généraliser. Mais il est avec les autres quand il est seul au sens où, quand il rentre chez lui et ne cherche plus à briller dans les salons, il ne cesse de penser aux autres, au regard qu'ils ont sur lui, aux jugements, admiratifs ou malveillants, qu'ils portent sur sa petite personne.

« Dans les mondanités parisiennes si prisées par Voltaire, "l'homme est seul quand il est avec les autres, et il est avec les autres quand il est seul". »

TOCQUEVILLE ET LA DÉMOCRATIE LIBÉRALE

Venons-en maintenant à la pensée de Tocqueville. Que reprend-il de la vision rousseauiste de la démocratie, que va-t-il en rejeter et, surtout, que va-t-il y ajouter ? C'est ce que nous allons voir dans un instant. Notons tout d'abord une grande divergence avec Rousseau : alors que ce dernier est un partisan de la démocratie directe, Tocqueville ne défend que la démocratie représentative. Tocqueville est, par excellence, un penseur de la tradition libérale, dans le sillage de Sieyès (1748-1836) et de Benjamin Constant (1767-1830). Quatre caractéristiques, qui toutes s'opposent à la démocratie directe telle que la conçoit Rousseau, vont ainsi définir, à ses yeux, le libéralisme. Elles sont tout à fait fondamentales. Je les indique brièvement pour mieux vous faire comprendre la nature exacte de cette première grande divergence.

LES QUATRE CARACTÉRISTIQUES DU SYSTÈME REPRÉSENTATIF

Première caractéristique : il existe des *droits individuels inaliénables.* Pour Tocqueville, on ne saurait en effet les aliéner à la société, comme Rousseau y invite dans sa théorie de la loi où, finalement, chaque citoyen doit tout donner à la collectivité. Rousseau a beau affirmer qu'on est à la fois actif et passif face à la loi, et que, dans ces conditions, on retrouve aussitôt tout ce qu'on a donné au corps social, il y a néanmoins un moment où on aliène à son profit l'ensemble de ses droits. Or, pour les libéraux, une telle opération est illégitime : il y a des droits individuels inaliénables et indiscutables (le droit à la sécurité, à la liberté d'expression, etc.), bref, ce que l'on appellera bientôt les droits de l'homme. Ils sont inaliénables car il s'agit de droits *naturels*, inhérents à l'essence même de l'homme, et par là même destinés à rester hors du jeu politique.

> *« L'État ne doit pas empiéter sur ce qu'on appellera les droits de l'homme : par exemple, il n'a pas et n'aura jamais le droit d'arrêter les individus chez eux de manière arbitraire, à n'importe quelle heure du jour ou de la nuit, en utilisant des lettres de cachet… »*

Du coup – deuxième caractéristique qui se déduit de la première –, l'État libéral est limité, pour ne pas dire réduit à ses seules fonctions régaliennes, ce que le socialisme « interventionniste » reprochera d'abord et avant tout aux libéraux. Pourquoi ? Parce que l'État est justement limité par ces droits inaliénables qu'on vient d'évoquer et qui en sont pour ainsi dire les bornes. Il faut évidemment se souvenir du contexte dans lequel naît la pensée libérale : il s'agit de rompre avec l'absolutisme, avec un État qui n'a pas de bornes, justement, et qui se permet d'intervenir sans cesse dans la vie privée des individus. C'est avec cela qu'il s'agit de rompre, y compris, s'il le faut, par la révolution. Or les droits de l'homme définissent justement la limite entre l'État et la société civile, une limite que l'État ne peut ni ne doit franchir sans devenir un État policier. C'est donc, chez les libéraux, le souci de la protection des droits inaliénables de l'individu contre les excès d'un État qu'on dira plus tard « totalitaire » qui constitue une borne à l'intervention de l'État. D'où le fait que les libéraux seront toujours, en effet, de grands défenseurs de l'autonomie de la société civile, aussi bien sur le plan commercial que sur le plan des droits et des libertés, notamment la liberté de la presse (tandis que tous les États issus du « socialisme réel » mettront aussitôt la presse à leur service). Aux yeux des libéraux, l'État interventionniste tend à rappeler l'absolutisme. Il faut toujours bien voir que quand les libéraux critiqueront, à partir de 1848, les socialistes, c'est qu'ils pensent que ces derniers sont porteurs d'un retour à l'Ancien Régime (à un État qui intervient dans la société civile).

La troisième caractéristique du libéralisme réside justement dans l'idée que la société civile ou *la société des individus « tient ensemble toute seule »*, si je puis dire, dans la conviction qu'elle possède une consistance en dehors de l'intervention de l'État. Nul besoin que l'État s'en mêle pour que la société civile tienne la route. La preuve ? Elle réside dans l'exemple du commerce, qui ne cesse de créer des liens solides entre les humains. Le « commerce », du reste, s'entend aussi au sens de la civilité, des échanges intellectuels ou des débats d'idées. Même quand un homme fait la cour à une femme dans un salon (ou l'inverse, rêvons un peu… cette civilité-là commence à voir le jour), nous parlons d'un « commerce des âmes ». C'est peu de dire que ces relations intersubjectives possèdent leur cohérence et leur consistance en dehors de l'intervention de l'État. Dans *La Plaisanterie*, le roman de Kundera, on voit au contraire comment l'État totalitaire se mêle de la vie privée des individus en prenant la plaisanterie d'un jeune homme amoureux pour une déclaration politique subversive. L'État libéral est certes là pour permettre à la société civile d'exister, mais pas au sens où il la *ferait* exister : au sens seulement où il garantit les règles fondamentales de sécurité et de justice tout en s'abstenant d'intervenir dans les affaires privées.

> *« Dans la perspective libérale de Tocqueville, il faut que le droit se mette en accord avec les mœurs. La bonne loi vient ainsi de la société civile, du particulier et des particuliers, tandis que l'État, lui, ne fait que la consacrer. »*

La quatrième caractéristique est particulièrement intéressante [1]. C'est l'idée que la bonne loi, pour les libéraux, sera plutôt celle qui consacre la réalité de la société civile et de l'évolution de ses mœurs. Il s'agira d'une loi qui, sur le modèle anglo-saxon de la jurisprudence, va de bas en haut, du particulier vers l'universel, des individus vers l'État plutôt que l'inverse. Prenons un exemple contemporain : la loi Veil sur l'avortement. Elle est parfaitement libérale en ce sens qu'elle constate que des centaines de milliers d'avortements sont pratiqués chaque année en

1. Marcel Gauchet l'a bien analysée dans sa présentation des œuvres politiques de Benjamin Constant (*De la liberté chez les modernes*, Le Livre de Poche, « Pluriel », 1980).

France. Continuer à les interdire apparaît donc absurde, contraire à la réalité des mœurs, du « commerce des âmes » dans la société civile : il faut que le droit se mette en accord avec cette évolution des individus. La bonne loi vient ainsi de la société civile (du particulier et des particuliers), l'État, lui, se bornant en quelque sorte, comme un notaire, à l'enregistrer, à la consacrer. Le pouvoir politique, ici, est, pour reprendre une formule de Marcel Gauchet, un « pouvoir effet » plus qu'un « pouvoir cause ».

Dans la perspective absolutiste, au contraire – une perspective que les socialistes, selon les libéraux, ne feront que reprendre et prolonger –, l'État intervient constamment pour corriger les méfaits réels ou supposés de la société civile. Lisez ou relisez dans cette optique les textes de Robespierre ou de Saint-Just sur le gouvernement révolutionnaire et vous en verrez l'origine : la société civile y est constamment soupçonnée d'être un lieu de vice, de corruption, que le « gouvernement de la vertu » doit sans cesse surveiller, contrôler et corriger en intervenant de haut en bas. D'où la nécessité de l'État interventionniste, volontariste, et vertueux bien sûr, pour intervenir dans la société civile et la transformer sans cesse.

De ce point de vue, Tocqueville s'oppose donc à la démocratie directe de Rousseau, convaincu que celle-ci équivaut à une espèce d'absorption totalitaire de la société civile par l'État. Je vous laisse méditer ce débat, sans le trancher ici, attendu qu'à bien des égards il est encore présent dans la vie politique contemporaine…

De la démocratie comme processus d'égalisation des conditions

L'autre grande différence avec Rousseau – celle où s'exprime le mieux l'originalité de Tocqueville – tient à l'idée que la démocratie n'est pas seulement un régime politique, mais la réalité de l'histoire des sociétés modernes, une histoire qui tend de manière inéluctable et continue vers ce que Tocqueville appelle l'*égalisation des conditions*. Là est véritablement sa grande idée, l'intuition fondamentale qui fonde toute sa pensée politique : la démocratie ne se réduit pas à une forme de gouvernement, mais elle s'identifie à la dynamique de l'égalité qui est la dynamique d'ensemble des sociétés modernes. Ce n'est pas avant tout une forme de gouvernement, mais un processus historique global, à vrai dire une véritable lame de fond. Voilà donc le grand thème que Tocqueville développe dans ses deux livres majeurs, *De la démocratie en Amérique*, suivi de *L'Ancien Régime et la Révolution*. Né en 1805, Tocqueville est issu d'une famille d'aristocrates sauvée de la guillotine par le 9 thermidor, c'est-à-dire par l'exécution de Robespierre et de Saint-Just. C'est en 1835 qu'il publie sa *Démocratie en Amérique*, après quoi il est nommé, en 1849, ministre des Affaires étrangères (on peut être à la fois ministre et écrivain...). *L'Ancien Régime et la Révolution* paraît quelques années plus tard, en 1856.

En quoi la démocratie se distingue-t-elle de l'Ancien Régime ?

La démocratie, entendue comme dynamique de l'*égalisation des conditions*, s'oppose à tous égards à l'Ancien Régime, comme le monde de l'égalité s'oppose à celui de la hiérarchie. Et il y a cinq vrais points d'opposition entre la démocratie et l'Ancien Régime, cinq points qui forment l'essentiel de la théorie tocquevillienne de la démocratie et qui restent totalement pertinents, aujourd'hui encore, pour comprendre cette passion de l'égalité qui s'empare des Français et, d'une manière générale, des peuples démocratiques chaque fois qu'ils en ont l'occasion [7].

Quels sont ces cinq grands traits qui distinguent essentiellement la démocratie de l'Ancien Régime (il y en a d'autres, bien entendu, mais ce sont certainement les plus fondamentaux) ?

Le *premier*, que nous avons déjà évoqué au passage, mais qu'il faut approfondir, réside dans le fait que la société féodale est non seulement hiérarchisée, mais hiérarchisée au sens d'une hiérarchie naturelle des êtres, la cité juste imitant en principe cette hiérarchie censée être inscrite dans l'ordre même des choses. La démocratie libérale restera, bien entendu, elle aussi, une société hiérarchisée, mais pas *naturellement* hiérarchisée. Elle reposera sur l'idée de méritocratie républicaine, c'est-à-dire sur l'idée que, en principe au moins, tout le monde peut accéder à tous les postes. Pour prendre un exemple simple : tout le monde peut prétendre, au moins en droit, devenir président de la République ; tout le monde ne peut pas prétendre être roi – le « poste », si l'on peut dire, est réservé aux seuls membres d'une dynastie héréditaire, définie par la nature et non par le mérite.

Dans l'Ancien Régime, il y a donc des aristocrates par nature et des serfs par nature, conformément au principe aristocratique, au lieu que dans les hiérarchies modernes – qui opposent par exemple les riches ou les puissants au reste du peuple –, ces différences ne sont pas considérées comme naturelles, comme intangibles et inscrites pour l'éternité dans l'ordre des choses : les cases sont vides a priori, chaque Français pouvant devenir riche ou puissant s'il en a la chance, le talent ou l'énergie. Depuis la fameuse Nuit du 4 août 1789, il n'y a plus de privilèges : on ne fixe plus a priori qui va être un seigneur, qui aura des terres et des châteaux. Il ne faut donc pas confondre la hiérarchie aristocratique, qui se veut naturelle, et la hiérarchie républicaine, qui tient à la chance, au talent et au mérite.

Second point : dans le monde aristocratique, le tout est plus important que les parties. C'est ce qu'on appelle le *holisme* (du grec *holos*, qui désigne la totalité) par opposition à l'*individualisme*. Le holisme, c'est l'idée que la société globale est bien supérieure, non seulement aux individus pris isolément, mais même à la somme des individus. Ce qui domine les sociétés holistes, par opposition aux sociétés individualistes, c'est la conviction que la notion de *corps social* est à prendre au sens quasi biologique ou organique de l'expression : si l'on poursuit la métaphore, les individus ne sont que des *membres*, semblables aux organes d'un organisme, ils n'ont aucune autonomie et, s'il le faut, pour protéger le tout, il faut savoir sacrifier les parties, comme le chirurgien coupe un bras atteint par la gangrène. Une injustice est ici bien préférable à un désordre et la nation France, par exemple, étant bien plus importante que la somme des Français qui la composent, on n'hésite pas à sacrifier les individus à la patrie – comme en témoigne, au moins jusqu'en 1914, la façon dont les guerres furent conduites, le plus souvent sans le moindre souci des individus transformés en véritable chair à canon.

Dans les sociétés démocratiques, individualistes, la situation se renverse et le désordre nous apparaît comme moins grave que l'injustice : l'honneur du capitaine Dreyfus doit être défendu parce qu'il est innocent, l'image de l'armée dût-elle en souffrir. Selon Tocqueville, la dynamique de l'égalité démocratique pousse nos sociétés sans cesse davantage loin du holisme, en direction de l'individualisme entendu en ce sens profond, non pas, ou du moins pas seulement, comme un repli égoïste sur la sphère privée, sur l'individu roi, autonome, mais comme une émancipation progressive par rapport aux structures et aux corps traditionnels.

La *troisième grande différence* avec l'Ancien Régime est, elle aussi, cruciale : alors que ce dernier instaure une société d'*hétéronomie*, c'est-à-dire, au sens étymologique, une société où la loi est donnée de l'extérieur aux citoyens qui ne la fabriquent ni de près ni de loin, la démocratie repose tout entière sur l'idéal de l'autonomie. C'est en ce point que Tocqueville, malgré toutes les différences qu'on a déjà indiquées, apparaît quand même en quelque façon comme un héritier de l'idée démocratique à la Rousseau : il est évidemment favorable à l'autonomie, c'est-à-dire au fait que l'on se donne à soi-même sa loi, fût-ce indirectement, par l'intermédiaire de députés, de représentants qui, bien qu'à l'écart des simples citoyens, n'en sont pas moins reliés à eux par le biais de l'élection – de sorte que la représentation nationale n'est jamais tout à fait séparée de la souveraineté populaire. Si, chez les libéraux, les citoyens se donnent à eux-mêmes leur loi par l'intermédiaire de leurs représentants, on reste donc tout de même dans un régime d'*auto-nomie*. Dans le régime féodal ou aristocratique, au contraire, la loi vient du dehors – elle est « de droit divin », elle est enracinée dans des traditions remontant à un passé immémorial. Les hommes n'élaborent donc pas la loi : l'humanisme politique n'est pas encore né.

> *« Une société traditionnelle est par définition hostile à l'innovation : elle est structurellement organisée à partir du respect du passé, et je dirai même, à partir de l'interdiction de l'avenir. »*

Il s'ensuit (*quatrième point*) que les sociétés traditionnelles en général, et l'Ancien Régime en particulier, sont bien davantage animées par le passé que par l'avenir, par la conservation de ce qui est, des traditions et des coutumes, plutôt que par l'invention d'un futur audacieux, réformiste, a fortiori révolutionnaire. Comme le montrent encore aujourd'hui les travaux des ethnologues contemporains, une société traditionnelle est par définition hostile à l'innovation : elle est structurellement organisée à partir du respect du passé, et je dirai même, à partir du refus de l'avenir. De la même manière, les sociétés d'Ancien Régime sont des sociétés à proprement parler conservatrices, qui deviendront réactionnaires lorsque la Révolution française leur posera la question, justement, du retour en arrière, de la Restauration au sens politique du terme. Ce sont également des sociétés – et ce thème est très cher à Tocqueville – au sein desquelles l'envie et la jalousie ont peu cours. Le point est essentiel, il mérite qu'on s'y arrête : c'est peut-être bien ici que la clairvoyance tocquevillienne est la plus profonde et la plus frappante.

Pour Tocqueville, en effet – c'est le *cinquième point* d'opposition fondamentale entre démocratie et aristocratie –, les passions démocratiques, la peur, la colère, l'indignation, mais avant tout peut-être l'*envie* et la *jalousie* jouent un rôle essentiel dans la vie sociale et politique moderne. Pourquoi l'envie et la jalousie occupent-elles en démocratie une place à part, inconnue des sociétés traditionnelles, hiérarchisées et aristocratiques ? La réponse de Tocqueville est d'une très grande profondeur – elle sera du reste reprise et développée avec beaucoup de pertinence par un philosophe contemporain, John Rawls : elle tient au fait que, dans une société formée d'ordres séparés les uns des autres, chacun vit pour ainsi dire dans son compartiment, dans sa classe ou dans sa caste, sans jamais chercher à en sortir (du moins tant qu'une période de révolution n'est pas ouverte). Les aristocrates et les puissants évoluent dans leur monde et les autres n'en sont pas. Or, tant qu'on est enfermé dans sa classe sociale, tant qu'on pense que cette hiérarchie, en vérité sociale, est naturelle, inscrite dans l'ordre des choses, voire dans l'ordre cosmique, on ne songe pas à en sortir. Il n'y a donc pas de jalousie : chacun est à sa place, voilà tout !

Il en va tout autrement dans l'univers de l'égalité et des droits de l'homme où les humains naissent en principe « libres et égaux en droits » : les inégalités de nature et de principe, les privilèges, apparaissent alors comme insupportables, comme non seulement illégitimes, mais illégaux. En quoi cette passion puissante et profondément enracinée qu'est la jalousie apparaît comme directement liée à cette autre passion qu'est l'égalitarisme qui tendra à se déchaîner aussitôt qu'une tête dépasse. Dès qu'une tête dépasse, l'*homo democraticus* s'insurge, il se demande de quel droit, pour quelles raisons et il ne manque jamais d'inventer des réponses qui le rassurent tout en abaissant l'autre : si ce dernier a « réussi », s'il est plus riche ou plus célèbre, c'est qu'il était « pistonné », qu'il n'a pas hésité à recourir à des procédés immoraux, inavouables, qu'il appartient à un lobby puissant, etc. Les motifs ne manquent jamais pour rassasier la jalousie et l'indignation qui, se développant sur le fond de la dynamique démocratique de l'égalité, apparaissent d'autant plus fortes que les individus sont proches les uns des autres : c'est dans son propre parti politique, dans la même branche de métier, que les inimitiés jalouses sont les plus vigoureuses. On connaît du reste la célèbre définition de la confraternité qui règne dans le monde des avocats : une « haine vigilante »...

UN TOTALITARISME MOU ? ATOMISATION DU SOCIAL ET CENTRALISATION DE L'ÉTAT

L'émergence historique de cette dynamique de l'égalité possède encore aux yeux de Tocqueville une conséquence d'une ampleur considérable : l'atomisation du social (il n'emploie pas le terme, que j'emprunte à la sociologie contemporaine, mais la chose est omniprésente dans son analyse). La dynamique de l'égalité transforme les peuples en sociétés d'individus, en masses formées d'atomes, de monades, de petites cellules qui se ressemblent de plus en plus. D'où, justement, leur propension à tomber d'autant plus facilement sous la férule gigantesque d'un État de plus en plus centralisé. Tel est, pour Tocqueville, le risque principal de cette atomisation du social. D'où les deux mouvements qui caractérisent, selon lui, l'espace politique et social démocratique : l'*atomisation* d'un côté, la *centralisation* de l'autre. Atomisation des individus de plus en plus semblables et égaux entre eux, du moins dans leurs mœurs, leurs façons de vivre, de s'habiller, de se cultiver, de consommer. La *centralisation*, voire la concentration de tous les pouvoirs dans un État qui, pour n'être pas un despotisme à l'ancienne, n'en constitue pas moins un risque pour la liberté. La démocratie comporte certes des inégalités économiques, mais Tocqueville pensait, c'est sans doute là du reste une des principales faiblesses de ses analyses [1], qu'elles n'étaient pas si considérables, qu'elles étaient en outre relativement fragiles, n'étant justement pas inscrites dans la nature et dans le droit (contrairement aux privilèges du monde aristocratique). L'essentiel, à ses yeux, est ailleurs : il réside dans le fait que les individus, dans leur

---

1. Comme l'avait bien vu Raymond Aron dans son excellent livre *Les Étapes de la pensée sociologique*, Gallimard, « Bibliothèque des sciences humaines », 1967.

immense majorité, étant de plus en plus égaux, un pouvoir immense, tutélaire et centralisé pourra s'installer dans une espèce de face-à-face avec cette masse.

> *« La démocratie comporte certes des inégalités économiques, mais Tocqueville pensait, c'est sans doute là une des faiblesses de ses analyses, qu'elles n'étaient pas si considérables, qu'elles étaient en outre relativement fragiles, n'étant pas inscrites dans la nature et dans le droit. »*

De là aussi la disparition progressive des corps ou des espaces intermédiaires : contrairement à ce qui a lieu dans l'Ancien Régime, entre la masse atomisée d'un côté, une masse composée d'une collection d'individus isolés les uns des autres dont chacun cherche son bonheur privé et, de l'autre, un État extraordinairement puissant et tatillon, il n'y a plus rien, plus de corps intermédiaires tels que les parlements et les nobles de province pouvaient en constituer dans l'Ancien Régime. La menace de voir émerger ce que l'on pourrait appeler un « totalitarisme mou » – Tocqueville parle d'un « pouvoir tutélaire », pas d'un pouvoir despotique à l'ancienne, mais d'un État prévoyant et doux qui s'occupera de tout à notre place et nous épargnera jusqu'à la peine de penser par nous-mêmes… – se profile donc à l'horizon. Il n'y a guère de mots pour le décrire, note Tocqueville dans un texte qu'on lira plus loin [**8**], car il s'agit moins d'une tyrannie classique, moins d'un État policier ou totalitaire, dirions-nous aujourd'hui, que de ce que nous appellerions peut-être l'État providence. Cette situation propre à l'univers démocratique comporte évidemment un très grand risque à ses yeux : la perte de la passion politique, le mépris de la chose publique, l'apathie d'individus repliés sur leur sphère privée et confiant totalement à l'État la prise en charge de la sphère politique. Le risque, ici, est bien de voir disparaître la liberté politique, cette liberté des Anciens dont parle Constant, cette dimension de la vie publique à laquelle Rousseau était si attaché, en quoi, ici encore, Tocqueville n'est pas si éloigné de Rousseau qu'on pourrait le penser à première vue…

La théorie des révolutions

Qu'est-ce que la Révolution française, si on la replace dans cette perspective générale ? Qu'est-ce qu'une révolution ? On voit apparaître chez Tocqueville une interprétation politique de la période révolutionnaire qui s'oppose, sans le savoir ni le vouloir, à l'interprétation marxienne des révolutions en termes essentiellement économiques. Rappelons que Tocqueville et Marx, bien que contemporains, ne se connaissent pratiquement pas, ne parlent jamais l'un de l'autre, mais au même moment, tous deux produisent une interprétation grandiose de la Révolution de 1789. Il est tout à fait intéressant de les comparer entre elles. Pour schématiser, mais nous allons nuancer et approfondir le propos, on pourrait dire que, tandis que Marx part des conflits économiques, Tocqueville, lui, donne des révolutions une interprétation essentiellement sociale et politique.

Cette lecture est admirablement développée dans un bref essai de 1834, intitulé *Sur l'état social et politique de la France*. Sur ce sujet, c'est avant tout ce texte-là qu'il faut lire. Un texte remarquablement synthétique, qui résume à la fois les thèses de *De la Démocratie en Amérique* et celles de *L'Ancien Régime et la Révolution*. Tocqueville y présente pour la première fois de façon ramassée sa théorie des révolutions. Initialement écrit pour son ami John Stuart Mill, il sera aussi traduit en anglais. Tocqueville y développe l'idée que l'égalisation des conditions, autrement dit la dynamique de la démocratie, commence déjà sous l'Ancien Régime : en vérité, elle est en marche, et ce de façon inéluctable, depuis le XIe siècle. Pourquoi ? Parce que dans notre société française, et dans les sociétés modernes en général, tout concourt à l'égalité, même quand on n'en veut pas. Sans le savoir ni le vouloir, les rois, par exemple, ont constamment contribué à égaliser les conditions, les uns en élevant le peuple, les autres en abaissant l'aristocratie. Quand ils ont été très bons, comme Louis XIV ou Louis XI, ils ont travaillé à élever le niveau de la masse, à la cultiver, et ils l'ont ainsi rapprochée des classes supérieures. Quand ils ont été très mauvais, comme Louis XV, et qu'ils se sont abaissés dans la poussière, ils se sont aussi, en un autre sens, rapprochés du peuple et ont ainsi contribué sans le vouloir à l'égalisation des conditions. L'aristocratie elle-même (ou la classe supérieure), déchirée par ses propres conflits internes, s'est donc rapprochée du peuple soit en l'élevant, soit en s'abaissant elle-même **[9]**.

« Lorsque les classes sociales sont devenues très semblables, que les individus se ressemblent jusque dans leurs manières et leurs modes de vie, mais qu'en revanche le système politique et juridique continue de consacrer des privilèges et des différences sociales fondamentales, alors un "clash" se produit inévitablement : c'est la révolution. »

De leur côté, les couches supérieures du peuple roturier, les bourgeois, les industriels, les financiers se sont élevés et enrichis. Il en va de même pour les lettrés, les philosophes du XVIIIe siècle, les Voltaire et les Diderot : les classes que l'aristocratie considérait naguère encore comme inférieures sont devenues parfaitement semblables aux classes supérieures. Elles s'habillent de la même manière, lisent les mêmes livres, ont le même goût du luxe. D'ailleurs, les bourgeois deviennent souvent plus riches, voire plus cultivés et plus raffinés que les aristocrates, si bien qu'au bout du compte ces deux grands groupes ont fini par devenir parfaitement semblables. Qu'est-ce qui les sépare encore ? Restent les fameux privilèges, autrement dit, ni l'économie ni les mœurs et les manières, mais le droit et la politique, c'est-à-dire le fait que les aristocrates ont leurs tribunaux, leurs rentes, leurs châteaux, bref, leurs privilèges d'État.

Dans ces conditions, la révolution est inévitable. La célèbre Nuit du 4 août, qui marque l'abolition des privilèges, est le symbole parfait, pour ainsi dire l'essence même de la Révolution française : lorsque les classes sociales sont devenues très semblables, que les individus se sont mis à se ressembler jusque dans leurs manières et leurs modes de vie, mais qu'en revanche le système politique et juridique continue de consacrer des différences essentielles, des différences de nature, alors un « clash » se produit inévitablement : une période révolutionnaire s'ouvre pour mettre en quelque sorte le droit et la politique en harmonie avec les mœurs. Dans toutes les révolutions, on constate ce rapprochement des mœurs, dû à la dynamique de l'égalité, qui fait exploser un vieux système juridique et politique qui, lui, maintient les inégalités de manière absurde.

De là la conviction que cette logique démocratique est une logique nécessaire, puisque tout concourt à la renforcer – Hegel parlait tout à fait dans le même sens d'une « ruse de la raison », Tocqueville, lui, évoque la Providence. Comme si l'histoire était providentielle, dit-il, comme si elle était guidée par la main de Dieu. Il n'est évidemment pas théologien et la notion de Providence fait ici figure d'image.

> *« Les Français sont tellement passionnés par l'égalité qu'ils entrent de plain-pied dans cette logique de l'atomisation du social, de cette collection d'individus égaux centrés sur leur vie privée, face à un immense pouvoir centralisé. »*

Deux évolutions possibles : la française et l'américaine

D'où la question qui vient immédiatement à l'esprit, surtout si l'on songe que Tocqueville est un libéral : quelle marge de liberté nous reste-t-il dans cette affaire ? Il reste, selon Tocqueville, une certaine marge de manœuvre, à vrai dire, deux évolutions possibles.

La première est l'évolution à la française. Les Français sont tellement passionnés par l'égalité qu'ils entrent de plain-pied dans la logique funeste de l'atomisation du social, de cette collection d'individus égaux centrés sur leur vie privée qui se retrouvent démunis face à un immense pouvoir centralisé. De fait, en France, la royauté elle-même avait déjà concouru à la centralisation du pouvoir depuis des siècles, bien avant les jacobins et la Révolution. C'est, par exemple et pour évoquer un moment particulièrement fort, tout le sens de l'édification de Versailles, de Louis XIV travaillant sans relâche à l'affaiblissement des contre-pouvoirs, des nobles et des parlements de province, en centralisant le pouvoir dans un somptueux palais qui symbolise la puissance du roi. Les jacobins ne feront à la vérité que poursuivre cette œuvre de centralisation. D'où l'éventualité que cette égalisation des conditions s'avère finalement nuisible à la liberté, que la démocratie ne se perde au profit d'un État despotique – doux, mais despotique quand même.

L'autre évolution possible, c'est l'évolution américaine, que Tocqueville décrit avec une certaine admiration dans son grand livre sur la démocratie en Amérique. À la différence des Français, les Américains ont réussi à concilier égalité et liberté, et ce pour une raison de fond : ils sont parvenus à reconstituer des contre-pouvoirs susceptibles de contrecarrer la puissance de l'État, laquelle, au demeurant, n'est pas centrale, mais fédérale. Ces contre-pouvoirs, ce sont par exemple les associations – les Américains sont passionnés par les clubs et les associations de toutes sortes –, mais ce sont aussi les syndicats, ces fameuses *unions* qui sont si puissantes aux États-Unis. Mais il y a plus, l'État étant fédéral, les gouvernements de province sont un peu l'équivalent des baillages dans le monde féodal, l'analogue moderne de ce qu'étaient les noblesses et les parlements de province sous l'Ancien Régime. Où l'on retrouve le cœur de la pensée libérale : une défense des contre-pouvoirs contre la centralisation étatique.

La grande question de Tocqueville sera donc aussi de savoir ce que nous, Français, serons capables de constituer comme contre-pouvoirs par rapport à la centralisation de l'État. C'est du reste une des raisons pour lesquelles il y aura en France une tradition tocquevillienne de gauche, incarnée notamment par ce qu'on a appelé la « deuxième gauche », une gauche soucieuse de reconstituer des contre-pouvoirs par rapport à l'État, soucieuse de décentralisation et de favoriser un syndicalisme authentique, c'est-à-dire réformiste et non politisé. La deuxième gauche sera toujours favorable à la société civile et hostile à la première gauche archaïque, qui veut que l'État intervienne en permanence pour corriger les méfaits supposés d'une société civile qu'elle tient a priori pour corrompue par le commerce et la libre entreprise. Nul hasard, à cet égard, si cette deuxième gauche se verra étiquetée par la première « gauche américaine » – ce qui s'éclaire si l'on a présente à l'esprit l'analyse de Tocqueville, et notamment cette idée fondamentale qu'il y a deux évolutions possibles pour la démocratie : la centralisation à la française ou la décentralisation à l'américaine, riche en contre-pouvoirs.

> *« Il y aura une tradition tocquevillienne de gauche en France, incarnée notamment par la deuxième gauche, cette gauche que l'on dit parfois "américaine" parce qu'elle ne dévalorise pas la société civile mais se montre au contraire soucieuse d'y reconstituer des contre-pouvoirs par rapport à l'État. »*

La démocratie comme horizon indépassable de l'humanité

Je vous proposerai, en guise de conclusion, trois éléments de réflexion.

Le premier, c'est que Tocqueville a raison : la passion démocratique pour l'égalité n'a cessé de croître dans l'univers démocratique moderne. Elle s'empare sans cesse davantage des peuples, si bien qu'en période de crise elle s'exacerbe et devient la passion dominante. Aussi les politiques auraient-ils intérêt à lire Tocqueville pour comprendre à quel point tout ce qui remet en question l'attachement à l'égalité reste explosif. Dans ce monde dominé par l'égalisation des conditions, on ne peut plus se permettre de faire des politiques injustes et inégalitaires. N'oublions jamais qu'avec la laïcité la passion de l'égalité reste la première passion française. De ce point de vue, Tocqueville est donc dans le vrai : il a prévu l'évolution de notre monde avec une clairvoyance sans égale.

« La grande question de la platitude posée par l'évolution des démocraties méritait d'être posée. »

Deuxième remarque : Tocqueville pose au passage une question d'une immense portée, celle de la platitude démocratique. À partir du moment où l'univers démocratique est de part en part construit par des humains et pour des humains, le grandiose est-il encore possible – et ce, y compris dans le domaine esthétique, littéraire et philosophique, bref, dans l'univers de la pensée ? Si la grandeur est toujours liée à l'incarnation d'une transcendance, à l'incarnation de principes extérieurs et supérieurs à l'humanité (par exemple le cosmos des Grecs, le divin des croyants, ou encore la nation des républicains), si un individu est grand à proportion du fait qu'il réussit à incarner ces valeurs transcendantes, c'est-à-dire supérieures et extérieures aux hommes, alors l'univers démocratique qui, pour reprendre le titre d'un livre de Léon Blum, est « de part en part à l'échelle humaine », peut-il encore comporter et produire du grandiose ? Grande question : la platitude, la médiocrité – au sens ancien du mot, c'est-à-dire le culte de la petitesse – ne sont-elles pas ce qui menace nos démocraties sur le plan politique comme sur le plan esthétique ?

Voyez le général de Gaulle : il incarnait encore l'idée de nation, une vision de la France éternelle bien supérieure aux Français, aux individus qui la composent, donc, en quelque façon, encore une transcendance. La nation est certes une idée humaine, ni cosmique ni religieuse, mais il y avait pourtant encore de la sacralité dans cette idée, la nation étant considérée comme une entité supérieure aux hommes, excédant la somme des individus qui la composent. À la mort du général de Gaulle, plusieurs journaux, y compris de gauche, ont titré à la une : « La France est veuve. » De quel homme politique dirions-nous encore aujourd'hui, s'il disparaissait, qu'il laisse la France « veuve » ? Dans nos démocraties, égalitaristes et modernes, cela prêterait tout simplement à rire. Je ne suis nullement déclinologue et je ne suivrai pas totalement Tocqueville dans cette voie. Reste que la question de la platitude démocratique, aussi bien dans le domaine de la politique que dans celui de la culture (de quel compositeur contemporain dirions-nous qu'il est le Bach ou le Mozart d'aujourd'hui ?), mérite à tout le moins d'être posée. Personnellement, je suis convaincu, à l'image des peintres hollandais du XVIIe siècle, qu'il y a une grandeur de l'humain comme tel, que l'homme, comme disait Pascal, passe infiniment l'homme, qu'il y a en lui du divin (et du malin), bref, de la transcendance qui peut s'incarner dans la politique comme dans l'art sans qu'on ait besoin nécessairement de faire appel aux principes anciens – le cosmos, le divin, la nation. Il n'empêche : face aux dérives de la politique moderne, face à celles aussi de l'industrie culturelle, un homme d'esprit ne peut pas ne pas être parfois saisi par le doute…

La fin de l'histoire

Enfin, ma troisième remarque portera sur le débat qui eut lieu, voilà déjà un peu plus d'une vingtaine d'années, à propos de la question de la « fin de l'histoire ». Francis Fukuyama, l'auteur de cette thèse, un philosophe américain d'origine japonaise et grand admirateur de Tocqueville, fit ricaner (bien à tort) à peu près tout ce que la France compte d'intellectuels. On se gaussa, à vrai dire sans avoir beaucoup réfléchi ni l'avoir vraiment lu, de cet Américain qui, naïvement, croyait l'histoire terminée au motif que le communisme venait de s'effondrer en Union soviétique.

Encore aujourd'hui, face aux révolutions qui secouent le monde arabe, certains croient tenir une nouvelle réfutation de sa thèse. Citant Aron, qui aimait lui-même à citer Toynbee : *History is again in the move*, « l'histoire est à nouveau en marche », ils s'imaginent que la formule règle définitivement son compte à la fameuse thèse de la « fin de l'histoire ». Et, de fait, à l'évidence, nul n'avait prévu les révolutions qui bouleversent, c'est indéniable, la donne dans le monde arabe. De là le sentiment que l'histoire, loin d'être finie, ne laisse pas de nous surprendre, à l'image d'un génie prodigieusement inventif dont nul n'anticipe les prochaines créations.

Pourtant, malgré l'apparence, la thèse de Fukuyama, largement inspirée par Tocqueville, s'avère plus perspicace que jamais, pourvu du moins qu'on fasse l'effort de la comprendre. Que disait-il, en effet, lorsque le bloc soviétique s'effondrait ? Non pas qu'il ne se passerait plus rien, qu'il n'y aurait plus d'histoire événementielle, de crises, de conflits ou de guerres, mais, ce qui est tout différent, qu'à portée de vision humaine il paraissait impossible après la chute du mur de Berlin *ne serait-ce que d'imaginer un principe de légitimité politique qui fût tout à la fois nouveau, à visée universelle, et cependant autre que celui de nos démocraties occidentales.*

Malgré toute l'horreur qu'il représentait pour ceux qui en vivaient la réalité à l'Est, comme pour ceux qui, à l'Ouest, avaient eu la lucidité d'en saisir la véritable nature, le communisme constituait bel et bien une alternative plausible à la démocratie libérale : au même titre qu'elle, il pouvait prétendre à l'universel, au progrès et à l'émancipation du genre humain tout entier – en quoi il trompa son monde, notamment dans les milieux intellectuels. Lorsque la révolution iranienne installa son régime totalitaire, à vrai dire une théocratie d'un type, sinon inédit, du moins inattendu à la fin du XXe siècle, on opposa aussitôt à Fukuyama qu'il s'était lourdement trompé, que, loin d'être heureuse, la nouvelle donne mondiale s'ouvrait sur un nouveau conflit, aussi grave sinon plus que celui dont nous venions de sortir : ce fameux « choc des civilisations » que son collègue Samuel Huntington voyait se profiler désormais à l'horizon.

Avec le recul, il apparaît que Fukuyama, en bon lecteur de Tocqueville, avait en réalité doublement raison. D'abord, parce que le fondamentalisme, à la différence du communisme, ne représente en rien une alternative à la démocratie : explicitement enraciné dans des particularismes, dans des communautarismes jaloux et agressifs, il n'a, contrairement à l'idéal révolutionnaire hérité de Marx, aucune vocation à l'universalité. Ensuite parce que les révoltes qui naissent aujourd'hui dans le monde arabo-musulman se font bel et bien au nom des valeurs de la démocratie et de la liberté.

Même si les situations sont très différentes, ce qui advient dans cette partie du monde rappelle ce que nous avons connu dans l'Amérique latine à la fin du XXe siècle : une chute des régimes autoritaires et une victoire, difficile sans doute, mais néanmoins bien réelle, des valeurs démocratiques. Ce qui est frappant en cette fin de XXe siècle-début du XXIe, c'est que les valeurs démocratiques, même si des régressions sont possibles, s'imposent chaque jour davantage comme les seules légitimes. Bien plus : comme les seules imaginables.

À cela il est une raison de fond, essentielle ou structurelle, qui échappe aux aléas de l'histoire : la démocratie n'est pas occidentale, elle est humaine ; elle n'est pas particulière, elle est universelle, tout simplement parce qu'elle est le seul mode de gouvernement qui convienne à des peuples adultes, tout autre régime faisant figure de régression. De Santiago à Tunis en passant par Moscou, l'histoire moderne tourne à l'avantage du principe démocratique. Donnant raison à Hegel et Tocqueville, il n'est pas impensable qu'elle tende vers sa véritable fin.

À cet égard, ce n'est pas le marxisme, comme l'avaient cru nombre d'intellectuels français, mais bel et bien la démocratie qui s'avère être « l'horizon indépassable de notre temps ». Bien plus, elle semble être l'horizon indépassable de l'humanité. Telle est, en tout cas, la conviction profonde qui se dégage des œuvres de Rousseau et de Tocqueville, quelles que soient par ailleurs les divergences qui les séparent. On peut assurément perfectionner les régimes démocratiques et les améliorer par mille biais, il n'en reste pas moins que c'est sous la forme politique démocratique que l'humanité est désormais vouée à évoluer.

ÉLÉMENTS DE BIOGRAPHIE

Rousseau (1712-1778)

Jean-Jacques Rousseau est un génie singulier, tout à fait à part dans son siècle, et dont la vie est elle-même atypique. Sa mère meurt lors de sa naissance, le 28 juin 1712 à Genève, et son père, obligé de fuir la ville à la suite d'une rixe, l'abandonne dès l'âge de huit ans. Confié au pasteur Lambercier, puis à son oncle, jusqu'à douze ans, le jeune Rousseau effectue un stage dans un greffe d'où il est renvoyé, puis un apprentissage chez un graveur qui le maltraite. Un dimanche soir de l'été 1728, trouvant les portes de la ville fermées au terme d'une promenade, il décide subitement de partir à pied en direction de la France. Ce départ à l'aventure, à l'âge de seize ans, marque le commencement d'une vie de vagabond, au cours de laquelle Rousseau séjournera dans pas moins de soixante « domiciles ». Recueilli par un prêtre catholique, il est confié à Mme de Warens, pour laquelle il éprouve d'abord des sentiments filiaux, avant de devenir son amant. Rousseau passera dans la maison des « Charmettes », à partir de l'été 1736, les quatre plus belles années de sa vie. Lorsque, ayant perdu sa place dans le lit de la dame, il quitte ce site enchanteur, c'est pour tenter sa chance à Paris, où il présente, sans grand succès, devant l'Académie des sciences, un système de notation musicale. C'est comme musicien que Rousseau – qui s'y connaît suffisamment pour composer des œuvres dont certaines, comme son opéra, *Le Devin du village*, rencontreront un réel succès – cherchera durant vingt ans à conquérir la notoriété.

La vie parisienne ne lui sourira jamais : entre 1741 et 1749, il est certes reçu avec bienveillance dans les salons, où il fait la connaissance de Diderot, Marivaux, Grimm, Mably, Bernis ou Voltaire – avec qui il entreprend l'arrangement d'un opéra –, mais, mal à l'aise et peu brillant, il ne cesse de subir des blessures d'amour-propre. Au reste, sa liaison avec une servante d'auberge, Thérèse Levasseur (qu'il finira par épouser en 1768), ne l'aide guère à s'imposer dans des milieux encore marqués par l'idéal aristocratique. Rousseau était donc disposé à mettre en question la vie mondaine, le luxe et les agréments d'une société policée si profondément loués par Voltaire. Et c'est un véritable « éblouissement » qui s'empare de lui lorsque, un jour de l'été 1749, il apprend par le Mercure de France, sur le chemin de la prison de Vincennes où il rend visite à son ami Diderot, emprisonné à la suite de la publication de sa *Lettre sur les aveugles*, que la question mise au concours cette année par l'Académie de Dijon le touche d'aussi près : « Si le rétablissement des sciences et des arts a contribué à épurer les mœurs ». Rousseau répond par la négative, prenant le contrepied de son siècle. Son *Discours sur les sciences et les arts* conclut que, partout et toujours, en Égypte comme en Grèce, à Rome comme dans nos États modernes, le prétendu « progrès » s'accompagne d'une décadence morale. Rousseau fait scandale mais obtient le prix et accède, à quarante ans, à la gloire littéraire. En 1755, le *Discours sur l'origine de l'inégalité*, puis, à nouveau, en 1758, la *Lettre à D'Alembert sur les spectacles* enfonceront le clou : il faut protéger la pureté contre la civilisation, la simplicité et la rusticité du sauvage, de l'enfant, du paysan, du « fier montagnard », contre la duplicité et la mondanité des mœurs policées...

Sous l'effet d'un succès que l'on dirait aujourd'hui « médiatique », Rousseau décide de mettre son « image » en conformité avec sa pensée : il délaisse les habits de ville pour la robe de bure et le bonnet d'Arménien qu'on lui voit dans un portrait réalisé par Ramsay à la demande du philosophe David Hume. Il renonce définitivement à la vie parisienne, se brouille avec Diderot et Grimm et se retire à Montlouis, dans une petite maison proche de Montmorency.

Durant les quatre années qui suivent son installation à Montlouis paraissent trois œuvres majeures : *La Nouvelle Héloïse* (1761), roman sentimental qui connaîtra un formidable succès, *Du Contrat social* (1762) et l'*Émile* (1762). Ces deux derniers ouvrages jettent les fondements philosophiques de la démocratie et de l'éducation modernes. Ils décrivent ce que pourrait être, ou, s'il est trop tard, ce qu'aurait pu être un monde meilleur. Ce en quoi, bien qu'opposé aux Lumières, Rousseau esquisse une philosophie de l'avenir qui inspirera pour une large part la pensée révolutionnaire. L'*Émile* va cependant déclencher une tempête et faire l'unanimité des institutions officielles contre lui : condamné par le Parlement de Paris, qui le fait confisquer et brûler, il l'est aussi par l'Église catholique et par le Consistoire de Genève. Contraint de se réfugier en Suisse, Rousseau voit sa modeste demeure, dans la nuit du 8 septembre 1765, lapidée par les habitants de Motiers. Puis, alors qu'il se terre dans l'île Saint-Pierre, au milieu du lac de Bienne, le Sénat de Berne juge bon de le faire expulser. Il lui faudra, acceptant l'hospitalité de David Hume, s'exiler en Angleterre.

Durant ces années d'incertitude et d'errance, Rousseau entreprend de se justifier face aux critiques dont il est l'objet, en rédigeant d'abord les *Lettres écrites de la mon-*

tagne, adressées aux autorités qui l'ont condamné, puis ses *Confessions*, qui ne seront publiées qu'après sa mort. Cette œuvre étonnante et impudique marque un tournant dans l'histoire de la littérature : pour la première fois sans doute, un écrivain mélange sans aucune réserve la vie privée et le débat intellectuel, la sphère de l'intimité et l'espace public. De retour en France, en 1770, après sa brouille avec David Hume, Rousseau gagne sa vie en qualité de copiste de musique. Il vit à Paris, avec sa femme Thérèse, dans un appartement d'une seule pièce. L'hostilité l'a terriblement marqué, attisant en lui une certaine inclination à la persécution qui ne va faire qu'empirer : convaincu d'être l'objet d'un complot universel, il compose trois dialogues, *Rousseau juge de Jean-Jacques*, dans lesquels il tente une fois encore de se justifier. Le malheureux rédige même un résumé de ce (déjà) petit texte qu'il va jusqu'à distribuer aux passants. Devant l'échec de cette tentative, il se retire pour composer son dernier livre, les *Rêveries d'un promeneur solitaire*. En mai 1778, il s'installe dans une maison du parc d'Ermenonville où il meurt le 2 juillet, à l'âge de soixante-six ans.

Tocqueville (1805-1859)

Né à Paris le 29 juillet 1805, Alexis de Tocqueville appartient par son père, le comte Hervé de Tocqueville, à la plus ancienne noblesse normande. Sa mère était la petite-fille de Malesherbes, le défenseur de Louis XVI. Une grande partie de la famille fut décimée sous la Terreur – ses parents ne devant leur vie, après avoir été eux aussi arrêtés, qu'à la chute de Robespierre, le 9 Thermidor. Le milieu familial est par conséquent légitimiste : le père d'Alexis, auteur d'un ouvrage sur l'Ancien Régime et proche de Chateaubriand, sera préfet, puis pair de France sous la Restauration.

L'orientation intellectuelle de Tocqueville est pourtant d'emblée marquée par une lucidité parfaite quant au caractère irréversible du déclin de l'aristocratie. Lorsque, à vingt-cinq ans, juge auditeur au tribunal de Versailles, il sollicite avec son collègue et ami Gustave de Beaumont une mission pour examiner le système pénitentiaire aux États-Unis, il fait d'une pierre deux coups : il profite de l'avènement du régime de la monarchie de Juillet, auquel aucun lien ne l'attache, pour échapper à une carrière de magistrat qui l'ennuie, et il se donne les moyens d'aller étudier de près ce qui lui apparaît comme l'avenir possible, sinon nécessaire, de la civilisation européenne – cette démocratie sociale et politique qui existe à l'état chimiquement pur en Amérique, le pays où l'égalité des conditions n'a pas eu à détruire d'aristocratie pour s'établir.

Munis du précieux passeport que constituait la mission officielle sur les prisons, Tocqueville et son compagnon embarquent au Havre le 2 avril 1831 pour un voyage de neuf mois aux États-Unis qui les conduira, dans des circonstances parfois périlleuses, en Nouvelle-Angleterre, au Québec, dans l'Ouest jusqu'au lac Michigan, à La Nouvelle-Orléans. Les deux amis seront même présentés, le 19 janvier 1832, au président Jackson. De retour en France, le rapport sur les prisons expédié, Tocqueville compose, de 1832 à 1834, la première *Démocratie en Amérique*, qui paraît au mois de janvier 1835. Le succès, immédiat, est éclatant, en France comme à l'étranger. Du jour au lendemain, le trentenaire inconnu accède au statut d'auteur reconnu : Tocqueville sera élu à l'Académie des sciences morales et politiques en 1838, puis, en 1841, à l'Académie française. L'année 1835 est celle de tous les bonheurs, puisque Alexis épouse au mois d'octobre l'Anglaise Mary Mottley, dont il était épris depuis 1828. En 1840, Tocqueville fait paraître la seconde *Démocratie en Amérique*, son chef-d'œuvre, qui, à travers l'étude des mœurs américaines, cherche à saisir l'esprit d'un peuple démocratique. L'ouvrage, dont la composition exigea de Tocqueville cinq ans d'effort, ne rencontra pourtant pas le même succès immédiat que le précédent.

Animé par la passion de la politique, Tocqueville envisageait d'y faire une carrière. En 1836, il hérite du vieux manoir paternel, qui se situe dans la circonscription de Valognes, dans la Manche, où il entreprendra de se faire élire et dont il sera sans interruption le député durant quinze ans, de 1839 à 1851. De 1839 à 1848, il siège « à gauche », dans les rangs de l'opposition libérale. La révolution de février 1848, qu'il avait annoncée et qu'il redoutait, suscite chez lui une réaction hostile. Il est néanmoins élu à l'Assemblée constituante, puis devient membre de la commission chargée de rédiger la nouvelle Constitution. Tocqueville, devenu républicain de raison, aspire à concilier l'égalité et la liberté, mais se défie de l'esprit révolutionnaire et du socialisme, pressentant avec inquiétude l'avènement d'un régime autoritaire. Il s'oppose notamment, dans un discours fameux, à l'inscription du droit au travail dans le texte de la Constitution. À l'élection présidentielle de décembre 1848, il vote pour Cavaignac contre Louis-Napoléon Bonaparte, dont il deviendra néanmoins brièvement, de juin à octobre 1849, le ministre des Affaires étrangères. Le coup d'État du 2 décembre 1851, auquel il tente vainement de s'opposer – ce qui lui vaut d'être un temps emprisonné –, brise définitivement sa carrière politique. En 1850 et en 1851, il rédige ses *Souvenirs* (publiés après sa mort), qui offrent un témoignage précieux sur cette période trouble.

Tocqueville se retire dans sa terre de Normandie pour s'atteler à ce qui sera sa dernière œuvre, *L'Ancien Régime et la Révolution*, qui paraîtra en 1856. Il s'agit de la première partie du grand livre d'histoire philosophique qu'il projetait d'écrire sur la Révolution française. Il y développe ses thèses sur les causes et les effets de la Révolution, exposées dès 1836 dans un petit texte contemporain de la première Démocratie – *État social et politique de la France avant et après 1789* –, que lui avait commandé son ami John Stuart Mill pour le publier dans la revue qu'il dirigeait.

La tuberculose viendra malheureusement interrompre prématurément la vie et l'œuvre de Tocqueville. En octobre 1858, sur les conseils de ses médecins, il part avec sa femme s'installer à Cannes, où il meurt le 16 avril 1859.

EXTRAITS

1. L'état de nature

Discours sur l'origine et les fondements de l'inégalité parmi les hommes, Introduction, GF-Flammarion, 2012, p. 64-66.

Les philosophes qui ont examiné les fondements de la société ont tous senti la nécessité de remonter jusqu'à l'état de nature, mais aucun d'eux n'y est arrivé. Les uns n'ont point balancé à supposer à l'homme dans cet état la notion du juste et de l'injuste, sans se soucier de montrer qu'il dût avoir cette notion, ni même qu'elle lui fût utile. D'autres ont parlé du droit naturel que chacun a de conserver ce qui lui appartient, sans expliquer ce qu'ils entendaient par appartenir ; d'autres, donnant d'abord au plus fort l'autorité sur le plus faible, ont aussitôt fait naître le gouvernement, sans songer au temps qui dut s'écouler avant que le sens des mots d'autorité et de gouvernement pût exister parmi les hommes. Enfin tous, parlant sans cesse de besoin, d'avidité, d'oppression, de désirs et d'orgueil, ont transporté à l'état de nature des idées qu'ils avaient prises dans la société. Ils parlaient de l'homme sauvage, et ils peignaient l'homme civil. Il n'est pas même venu dans l'esprit de la plupart des nôtres de douter que l'état de nature eût existé, tandis qu'il est évident, par la lecture des Livres Sacrés, que le premier homme, ayant reçu immédiatement de Dieu des lumières et des préceptes, n'était point lui-même dans cet état, et qu'en ajoutant aux écrits de Moïse la foi que leur doit tout philosophe chrétien, il faut nier que, même avant le déluge, les hommes se soient jamais trouvés dans le pur état de nature, à moins qu'ils n'y soient retombés par quelque événement extraordinaire. Paradoxe fort embarrassant à défendre, et tout à fait impossible à prouver.

Commençons donc par écarter tous les faits, car ils ne touchent point à la question. Il ne faut pas prendre les recherches, dans lesquelles on peut entrer sur ce sujet, pour des vérités historiques, mais seulement pour des raisonnements hypothétiques et conditionnels ; plus propres à éclaircir la nature des choses qu'à en montrer la véritable origine, et semblables à ceux que font tous les jours nos physiciens sur la formation du monde. La religion nous ordonne de croire que Dieu lui-même ayant tiré les hommes de l'état de nature, immédiatement après la création, ils sont inégaux parce qu'il a voulu qu'ils le fussent ; mais elle ne nous défend pas de former des conjectures tirées de la seule nature de l'homme et des êtres qui l'environnent, sur ce qu'aurait pu devenir le genre humain, s'il fût resté abandonné à lui-même. Voilà ce qu'on me demande, et ce que je me propose d'examiner dans ce Discours. Mon sujet intéressant l'homme en général, je tâcherai de prendre un langage qui convienne à toutes les nations, ou plutôt, oubliant les temps et les lieux, pour ne songer qu'aux hommes à qui je parle, je me supposerai dans le lycée d'Athènes, répétant les leçons de mes maîtres, ayant les Platon et les Xénocrate pour juges, et le genre humain pour auditeur.

2. La pitié

Rousseau, *Émile ou de l'éducation*, IV, GF-Flammarion, 2009, p. 318-321.

Il suit de là que nous nous attachons à nos semblables moins par le sentiment de leurs plaisirs que par celui de leurs peines ; car nous y voyons bien mieux l'identité de notre nature et les garants de leur attachement pour nous. Si nos besoins communs nous unissent par intérêt, nos misères communes nous unissent par affection. L'aspect d'un homme heureux inspire aux autres moins d'amour que d'envie ; on l'accuserait volontiers d'usurper un droit qu'il n'a pas en se faisant un bonheur exclusif ; et l'amour-propre souffre encore en nous faisant sentir que cet homme n'a nul besoin de nous. Mais qui est-ce qui ne plaint pas le malheureux qu'il voit souffrir ? Qui est-ce qui ne voudrait pas le délivrer de ses maux s'il n'en coûtait qu'un souhait pour cela ? L'imagination nous met à la place du misérable plutôt qu'à celle de l'homme heureux ; on sent que l'un de ces états nous touche de plus près que l'autre. La pitié est douce, parce qu'en se mettant à la place de celui qui souffre, on sent pourtant le plaisir de ne pas souffrir comme lui. L'envie est amère, en ce que l'aspect d'un homme heureux, loin de mettre l'envieux à sa place, lui donne le regret de n'y pas être. Il semble que l'un nous exempte des maux qu'il souffre, et que l'autre nous ôte les biens dont il jouit. [...]

Les hommes ne sont naturellement ni rois, ni grands, ni courtisans, ni riches ; tous sont nés nus et pauvres, tous sujets aux misères de la vie, aux chagrins, aux maux, aux besoins, aux douleurs de toute espèce ; enfin, tous sont condamnés à la mort. Voilà ce qui est vraiment de l'homme ; voilà de quoi nul mortel n'est exempt. Commencez donc par étudier de la nature humaine ce qui en est le plus inséparable, ce qui constitue le mieux l'humanité.

À seize ans l'adolescent sait ce que c'est que souffrir ; car il a souffert lui-même ; mais à peine sait-il que d'autres êtres souffrent aussi ; le voir sans le sentir n'est pas le savoir, et, comme je l'ai dit cent fois, l'enfant n'imaginant point ce que sentent les autres ne connaît de maux que les siens : mais quand le premier développement des sens allume en lui le feu de l'imagination, il commence à se sentir dans ses semblables, à s'émouvoir de leurs plaintes et à souffrir de leurs douleurs. C'est alors que le triste tableau de l'humanité souffrante doit porter à son cœur le premier attendrissement qu'il ait jamais éprouvé. [...]

Ainsi naît la pitié, premier sentiment relatif qui touche le cœur humain selon l'ordre de la nature. Pour devenir sensible et pitoyable, il faut que l'enfant sache qu'il y a des êtres semblables à lui qui souffrent ce qu'il a souffert, qui sentent les douleurs qu'il a senties, et d'autres dont il doit avoir l'idée, comme pouvant les sentir aussi. En effet, comment nous laissons-nous émouvoir à la pitié, si ce n'est en nous transportant hors de nous et nous identifiant avec l'animal souffrant, en quittant, pour ainsi dire, notre être pour prendre le sien ? Nous ne souffrons qu'autant que nous jugeons qu'il souffre ; ce n'est pas dans nous, c'est dans lui que nous souffrons. Ainsi nul ne devient sensible que quand son imagination s'anime et commence à le transporter hors de lui.

3. Liberté de l'homme

Rousseau, *Du contrat social*, I, I, GF-Flammarion, 2012, p. 42.

L'homme est né libre, et partout il est dans les fers. Tel se croit le maître des autres, qui ne laisse pas d'être plus esclave qu'eux. Comment ce changement s'est-il fait ? Je l'ignore. Qu'est-ce qui peut le rendre légitime ? Je crois pouvoir résoudre cette question.

Si je ne considérais que la force, et l'effet qui en dérive, je dirais : tant qu'un Peuple est contraint d'obéir et qu'il obéit, il fait bien ; sitôt qu'il peut secouer le joug et qu'il le secoue, il fait encore mieux ; car, recouvrant sa liberté par le même droit qui la lui a ravie, ou il est fondé à la reprendre, ou l'on ne l'était point à la lui ôter. Mais l'ordre social est un droit sacré, qui sert de base à tous les autres. Cependant ce droit ne vient point de la nature ; il est donc fondé sur des conventions. Il s'agit de savoir quelles sont ces conventions. Avant d'en venir là je dois établir ce que je viens d'avancer.

4. « De l'état civil »

Rousseau, *Du contrat social*, I, VIII, *ibid.*, p. 56-57.

Ce passage de l'état de nature à l'état civil produit dans l'homme un changement très remarquable, en substituant dans sa conduite la justice à l'instinct, et donnant à ses actions la moralité qui leur manquait auparavant. C'est alors seulement que la voix du devoir succédant à l'impulsion physique et le droit à l'appétit, l'homme, qui jusque-là n'avait regardé que lui-même, se voit forcé d'agir sur d'autres principes, et de consulter sa raison avant d'écouter ses penchants. Quoiqu'il se prive dans cet état de plusieurs avantages qu'il tient de la nature, il en regagne de si grands, ses facultés s'exercent et se développent, ses idées s'étendent, ses sentiments s'ennoblissent, son âme tout entière s'élève à tel point, que si les abus de cette nouvelle condition ne le dégradaient souvent au-dessous de celle dont il est sorti, il devrait bénir sans cesse l'instant heureux qui l'en arracha pour jamais, et qui, d'un animal stupide et borné, fit un être intelligent et un homme.

Réduisons toute cette balance à des termes faciles à comparer. Ce que l'homme perd par le contrat social, c'est sa liberté naturelle et un droit illimité à tout ce qui le tente et qu'il peut atteindre ; ce qu'il gagne, c'est la liberté civile et la propriété de tout ce qu'il possède. Pour ne pas se tromper dans ces compensations, il faut bien distinguer la liberté naturelle qui n'a pour bornes que les forces de l'individu, de la liberté civile qui est limitée par la volonté générale, et la possession qui n'est que l'effet de la force ou le droit du premier occupant, de la propriété qui ne peut être fondée que sur un titre positif.

On pourrait sur ce qui précède ajouter à l'acquis de l'état civil la liberté morale, qui seule rend l'homme vraiment maître de lui ; car l'impulsion du seul appétit est esclavage, et l'obéissance à la loi qu'on s'est prescrite est liberté.

5. Le pacte social ou le peuple à la fois sujet et souverain

Rousseau, *Du contrat social*, I, VI, *ibid.*, p. 51-54.

Je suppose les hommes parvenus à ce point où les obstacles qui nuisent à leur conservation dans l'état de nature, l'emportent par leur résistance sur les forces que chaque individu peut employer pour se maintenir dans cet état. Alors cet état primitif ne peut plus subsister, et le genre humain périrait s'il ne changeait sa manière d'être.

Or comme les hommes ne peuvent engendrer de nouvelles forces, mais seulement unir et diriger celles qui existent, ils n'ont plus d'autre moyen pour se conserver, que de former par agrégation une somme de forces qui puisse l'emporter sur la résistance, de les mettre en jeu par un seul mobile et de les faire agir de concert.

Cette somme de forces ne peut naître que du concours de plusieurs : mais la force et la liberté de chaque homme étant les premiers instruments de sa conservation, comment les engagera-t-il sans se nuire, et sans négliger les soins qu'il se doit ? Cette difficulté ramenée à mon sujet peut s'énoncer en ces termes.

« Trouver une forme d'association qui défende et protège de toute la force commune la personne et les biens de chaque associé, et par laquelle chacun s'unissant à tous n'obéisse pourtant qu'à lui-même et reste aussi libre qu'auparavant. » Tel est le problème fondamental dont le contrat social donne la solution.

Les clauses de ce contrat sont tellement déterminées par la nature de l'acte, que la moindre modification les rendrait vaines et de nul effet ; en sorte que, bien qu'elles n'aient peut-être jamais été formellement énoncées, elles sont partout les mêmes, partout tacitement admises et reconnues ; jusqu'à ce que, le pacte social étant violé, chacun rentre alors dans ses premiers droits et reprenne sa liberté naturelle, en perdant la liberté conventionnelle pour laquelle il y renonça.

Ces clauses bien entendues se réduisent toutes à une seule, savoir l'aliénation totale de chaque associé avec tous ses droits à toute la communauté : Car premièrement, chacun se donnant tout entier, la condition est égale pour tous, et la condition étant égale pour tous, nul n'a intérêt de la rendre onéreuse aux autres.

De plus, l'aliénation se faisant sans réserve, l'union est aussi parfaite qu'elle peut l'être et nul associé n'a plus rien à réclamer : Car s'il restait quelques droits aux particuliers, comme il n'y aurait aucun supérieur commun qui pût prononcer entre eux et le public, chacun étant en quelque point son propre juge prétendrait bientôt l'être en tous, l'état de nature subsisterait et l'association deviendrait nécessairement tyrannique ou vaine.

Enfin chacun se donnant à tous ne se donne à personne, et comme il n'y a pas un associé sur lequel on n'acquière le même droit qu'on lui cède sur soi, on gagne l'équivalent de tout ce qu'on perd, et plus de force pour conserver ce qu'on a.

Si donc on écarte du pacte social ce qui n'est pas de son essence, on trouvera qu'il se réduit aux termes suivants. *Chacun de nous met en commun sa personne et toute sa puissance sous la suprême direction de la volonté générale ; et nous recevons en corps chaque membre comme partie indivisible du tout.*

À l'instant, au lieu de la personne particulière de chaque contractant, cet acte d'association produit un corps moral et collectif composé d'autant de membres que l'assemblée a de voix, lequel reçoit de ce même acte son unité, son *moi* commun, sa vie et sa volonté. Cette personne publique qui se forme ainsi par l'union de toutes les autres prenait autrefois le nom de *Cité*, et prend maintenant celui de *République* ou de *corps politique*, lequel est appelé par ses membres *État* quand il est passif, *Souverain* quand il est actif, *Puissance* en le comparant à ses semblables. À l'égard des associés ils prennent collectivement le nom de *peuple*, et s'appellent en particulier *Citoyens* comme participants à l'autorité souveraine, et *Sujets* comme soumis aux lois de l'État. Mais ces termes se confondent souvent et se prennent l'un pour l'autre ; il suffit de les savoir distinguer quand ils sont employés dans toute leur précision.

6. De la loi et du législateur

Rousseau, *Du contrat social,* II, VI, p. 72-74.

Mais qu'est-ce donc enfin qu'une loi ? Tant qu'on se contentera de n'attacher à ce mot que des idées métaphysiques, on continuera de raisonner sans s'entendre, et quand on aura dit ce que c'est qu'une loi de la nature on n'en saura pas mieux ce que c'est qu'une loi de l'État.

J'ai déjà dit qu'il n'y avait point de volonté générale sur un objet particulier. En effet cet objet particulier est dans l'État ou hors de l'État. S'il est hors de l'État, une volonté qui lui est étrangère n'est point générale par rapport à lui ; et si cet objet est dans l'État, il en fait partie : Alors il se forme entre le tout et sa partie une relation qui en fait deux êtres séparés, dont la partie est l'un, et le tout moins cette même partie est l'autre. Mais le tout moins une partie n'est point le tout, et tant que ce rapport subsiste il n'y a plus de tout mais deux parties inégales ; d'où il suit que la volonté de l'une n'est point non plus générale par rapport à l'autre.

Mais quand tout le peuple statue sur tout le peuple il ne considère que lui-même, et s'il se forme alors un rapport, c'est de l'objet entier sous un point de vue à l'objet entier sous un autre point de vue, sans aucune division du tout. Alors la matière sur laquelle on statue est générale comme la volonté qui statue. C'est cet acte que j'appelle une loi. [...]

J'appelle donc République tout État régi par des lois, sous quelque forme d'administration que ce puisse être : car alors seulement l'intérêt public gouverne, et la chose publique est quelque chose. Tout Gouvernement légitime est républicain [1] : j'expliquerai ci-après ce que c'est que le Gouvernement.

1. Je n'entends pas seulement par ce mot une Aristocratie ou une Démocratie, mais en général tout gouvernement guidé par la

Les lois ne sont proprement que les conditions de l'association civile. Le Peuple soumis aux lois en doit être l'auteur ; il n'appartient qu'à ceux qui s'associent de régler les conditions de la société : mais comment les régleront-ils ? Sera-ce d'un commun accord, par une inspiration subite ? Le corps politique a-t-il un organe pour énoncer ces volontés ? Qui lui donnera la prévoyance nécessaire pour en former les actes et les publier d'avance, ou comment les prononcera-t-il au moment du besoin ? Comment une multitude aveugle qui souvent ne sait ce qu'elle veut, parce qu'elle sait rarement ce qui lui est bon, exécuterait-elle d'elle-même une entreprise aussi grande et aussi difficile qu'un système de législation ? De lui-même le peuple veut toujours le bien, mais de lui-même il ne le voit pas toujours. La volonté générale est toujours droite, mais le jugement qui la guide n'est pas toujours éclairé. Il faut lui faire voir les objets tels qu'ils sont, quelquefois tels qu'ils doivent lui paraître, lui montrer le bon chemin qu'elle cherche, la garantir de la séduction des volontés particulières, rapprocher à ses yeux les lieux et les temps, balancer l'attrait des avantages présents et sensibles, par le danger des maux éloignés et cachés. Les particuliers voient le bien qu'ils rejettent : le public veut le bien qu'il ne voit pas. Tous ont également besoin de guides : Il faut obliger les uns à conformer leurs volontés à leur raison ; il faut apprendre à l'autre à connaître ce qu'il veut. Alors des lumières publiques résulte l'union de l'entendement et de la volonté dans le corps social, de là l'exact concours des parties, et enfin la plus grande force du tout. Voilà d'où naît la nécessité d'un Législateur.

---

volonté générale, qui est la loi. Pour être légitime il ne faut pas que le Gouvernement se confonde avec le Souverain, mais qu'il en soit le ministre : alors la monarchie elle-même est république [note de Rousseau].

7. La passion de l'égalité

Tocqueville, *De la démocratie en Amérique*, II, I, GF-Flammarion, 1981, t. II, p. 119-122.

La première et la plus vive des passions que l'égalité des conditions fait naître, je n'ai pas besoin de le dire, c'est l'amour de cette même égalité. On ne s'étonnera donc pas que j'en parle avant toutes les autres.

Chacun a remarqué que, de notre temps, et spécialement en France, cette passion de l'égalité prenait chaque jour une place plus grande dans le cœur humain. On a dit cent fois que nos contemporains avaient un amour bien plus ardent et bien plus tenace pour l'égalité que pour la liberté ; mais je ne trouve point qu'on soit encore suffisamment remonté jusqu'aux causes de ce fait. Je vais l'essayer. [...]

Le goût que les hommes ont pour la liberté et celui qu'ils ressentent pour l'égalité sont, en effet, deux choses distinctes, et je ne crains pas d'ajouter que, chez les peuples démocratiques, ce sont deux choses inégales.

Si l'on veut y faire attention, on verra qu'il se rencontre dans chaque siècle un fait singulier et dominant auquel les autres se rattachent ; ce fait donne presque toujours naissance à une pensée mère, ou à une passion principale qui finit ensuite par attirer à elle et par entraîner dans son cours tous les sentiments et toutes les idées. C'est comme le grand fleuve vers lequel chacun des ruisseaux environnants semble courir.

La liberté s'est manifestée aux hommes dans différents temps et sous différentes formes ; elle ne s'est point attachée exclusivement à un état social, et on la rencontre autre part que dans les démocraties. Elle ne saurait donc former le caractère distinctif des siècles démocratiques.

Le fait particulier et dominant qui singularise ces siècles, c'est l'égalité des conditions ; la passion principale qui agite les hommes dans ces temps-là, c'est l'amour de cette égalité.

Ne demandez point quel charme singulier trouvent les hommes des âges démocratiques à vivre égaux, ni les raisons particulières qu'ils peuvent avoir de s'attacher si obstinément à l'égalité plutôt qu'aux autres biens que la société leur présente : l'égalité forme le caractère distinctif de l'époque où ils vivent ; cela seul suffit pour expliquer qu'ils la préfèrent à tout le reste.

Mais, indépendamment de cette raison, il en est plusieurs autres qui, dans tous les temps, porteront habituellement les hommes à préférer l'égalité à la liberté.

Si un peuple pouvait jamais parvenir à détruire ou seulement à diminuer lui-même dans son sein l'égalité qui y règne, il n'y arriverait que par de longs et pénibles efforts. Il faudrait qu'il modifiât son état social, abolît ses lois, renouvelât ses idées, changeât ses habitudes, altérât ses mœurs. Mais, pour perdre la liberté politique, il suffit de ne pas la retenir, et elle s'échappe.

Les hommes ne tiennent donc pas seulement à l'égalité parce qu'elle leur est chère ; ils s'y attachent encore parce qu'ils croient qu'elle doit durer toujours.

Que la liberté politique puisse, dans ses excès, compromettre la tranquillité, le patrimoine, la vie des particuliers, on ne rencontre point d'hommes si bornés et si légers qui ne le découvrent. Il n'y a, au contraire, que les gens attentifs et clairvoyants qui aperçoivent les périls dont l'égalité nous menace, et d'ordinaire ils évitent de les signaler. Ils savent que les misères qu'ils redoutent sont éloignées, et ils se flattent qu'elles n'atteindront que les générations à venir, dont la génération présente ne s'inquiète guère. Les maux que la liberté amène quelquefois sont immédiats ; ils sont visibles pour tous, et tous, plus ou moins, les ressentent. Les maux que l'extrême égalité peut produire ne se manifestent que peu à peu ; ils s'insinuent graduellement dans le corps social ; on ne les voit que de loin en loin, et, au moment où ils deviennent les plus violents, l'habitude a déjà fait qu'on ne les sent plus.

Les biens que la liberté procure ne se montrent qu'à la longue, et il est toujours facile de méconnaître la cause qui les fait naître.

Les avantages de l'égalité se font sentir dès à présent, et chaque jour on les voit découler de leur source.

La liberté politique donne de temps en temps, à un certain nombre de citoyens, de sublimes plaisirs.

L'égalité fournit chaque jour une multitude de petites jouissances à chaque homme. Les charmes de l'égalité se sentent à tous moments, et ils sont à la portée de tous ; les plus nobles cœurs n'y sont pas insensibles, et les âmes les plus vulgaires en font leurs délices. La passion que l'égalité fait naître doit donc être tout à la fois énergique et générale.

Les hommes ne sauraient jouir de la liberté politique sans l'acheter par quelques sacrifices, et ils ne s'en emparent jamais qu'avec beaucoup d'efforts. Mais les plaisirs que l'égalité procure s'offrent d'eux-mêmes. Chacun des petits incidents de la vie privée semble les faire naître, et, pour les goûter, il ne faut que vivre.

Les peuples démocratiques aiment l'égalité dans tous les temps, mais il est de certaines époques où ils poussent jusqu'au délire la passion qu'ils ressentent pour elle. Ceci arrive au moment où l'ancienne hiérarchie sociale, longtemps menacée, achève de se détruire, après une dernière lutte intestine, et que les barrières qui séparaient les citoyens sont enfin renversées. Les hommes se précipitent alors sur l'égalité comme sur une conquête, et ils s'y attachent comme à un bien précieux qu'on veut leur ravir. La passion d'égalité pénètre de toutes parts dans le cœur humain, elle s'y étend, elle le remplit tout entier. Ne dites point aux hommes qu'en se livrant aussi aveuglément à une passion exclusive, ils compromettent leurs intérêts les plus chers ; ils sont sourds. Ne leur montrez pas la liberté qui s'échappe de leurs mains tandis qu'ils regardent ailleurs ; ils sont aveugles, ou plutôt ils n'aperçoivent dans tout l'univers qu'un seul bien digne d'envie.

8. Atomisation du social et centralisation de l'État

Tocqueville, *De la démocratie en Amérique*, IV, VI, *ibid.*, p. 385.

Je pense donc que l'espèce d'oppression dont les peuples démocratiques sont menacés ne ressemblera à rien de ce qui l'a précédée dans le monde ; nos contemporains ne sauraient en trouver l'image dans leurs souvenirs. Je cherche en vain moi-même une expression qui reproduise exactement l'idée que je m'en forme et la renferme ; les anciens mots de despotisme et de tyrannie ne conviennent point. La chose est nouvelle, il faut donc tâcher de la définir puisque je ne peux la nommer.

Je veux imaginer sous quels traits nouveaux le despotisme pourrait se produire dans le monde : je vois une foule innombrable d'hommes semblables et égaux, qui tournent sans repos sur eux-mêmes pour se procurer de petits et vulgaires plaisirs, dont ils remplissent leur âme. Chacun d'eux, retiré à l'écart, est comme étranger à la destinée de tous les autres, ses enfants et ses amis particuliers forment pour lui toute l'espèce humaine ; quant au demeurant de ses concitoyens, il est à côté d'eux ; mais il ne les voit pas ; il les touche et ne les sent point ; il n'existe qu'en lui-même et pour lui seul, et s'il lui reste encore une famille, on peut dire du moins qu'il n'a plus de patrie.

Au-dessus de ceux-là, s'élève un pouvoir immense et tutélaire, qui se charge seul d'assurer leurs jouissances et de veiller sur leur sort. Il est absolu, détaillé, régulier, prévoyant et doux. Il ressemblerait à la puissance paternelle si, comme elle, il avait pour objet de préparer les hommes à l'âge viril ; mais il ne cherche, au contraire, qu'à les fixer irrévocablement dans l'enfance, il aime que les citoyens se réjouissent, pourvu qu'ils ne songent qu'à se réjouir. Il travaille volontiers à leur bonheur ; mais il veut en être l'unique agent et le seul arbitre ; il pourvoit à leur sécurité, prévoit et assure leurs besoins, facilite leurs plaisirs, conduit leurs principales affaires, dirige leur industrie, règle leurs successions, divise leurs héritages ; que ne peut-il leur ôter entièrement le trouble de penser et la peine de vivre ?

9. Comment tout concourt à l'égalité

Tocqueville, *De la démocratie en Amérique*, Introduction, GF-Flammarion, 2012, t. I, p. 58-59.

Les rois se ruinent dans les grandes entreprises ; les nobles s'épuisent dans les guerres privées ; les roturiers s'enrichissent dans le commerce. L'influence de l'argent commence à se faire sentir sur les affaires de l'État. Le négoce est une source nouvelle qui s'ouvre à la puissance, et les financiers deviennent un pouvoir politique qu'on méprise et qu'on flatte.

Peu à peu, les lumières se répandent ; on voit se réveiller le goût de la littérature et des arts ; l'esprit devient alors un élément de succès ; la science est un moyen de gouvernement, l'intelligence une force sociale ; les lettrés arrivent aux affaires.

À mesure cependant qu'il se découvre des routes nouvelles pour parvenir au pouvoir, on voit baisser la valeur de la naissance. Au XIe siècle, la noblesse était d'un prix inestimable ; on l'achète au XIIIe ; le premier anoblissement a lieu en 1270, et l'égalité s'introduit enfin dans le gouvernement par l'aristocratie elle-même.

Durant les sept cents ans qui viennent de s'écouler, il est arrivé quelquefois que, pour lutter contre l'autorité royale ou pour enlever le pouvoir à leurs rivaux, les nobles ont donné une puissance politique au peuple.

Plus souvent encore, on a vu les rois faire participer au gouvernement les classes inférieures de l'État, afin d'abaisser l'aristocratie.

En France, les rois se sont montrés les plus actifs et les plus constants niveleurs. Quand ils ont été ambitieux et forts, ils ont travaillé à élever le peuple au niveau des nobles ; et quand ils ont été modérés et faibles, ils ont permis que le peuple se plaçât au-dessus d'eux-mêmes. Les uns ont aidé la démocratie par leurs talents, les autres par leurs vices. Louis XI et Louis XIV ont pris soin de tout égaliser au-dessous du trône, et Louis XV est enfin descendu lui-même avec sa cour dans la poussière.

BIBLIOGRAPHIE

Sur Rousseau

Ernst CASSIRER, *Le Problème Jean-Jacques Rousseau*, Hachette littératures, « Pluriel : philosophie », 2006.

Robert DERATHÉ, *Jean-Jacques Rousseau et la science politique de son temps*, J. Vrin, « Bibliothèque d'histoire de la philosophie », 1988.

Alexis PHILONENKO, *Jean-Jacques Rousseau et la pensée du malheur*, 3 vol., J. Vrin, 1984.

Jean STAROBINSKI, *Jean-Jacques Rousseau, la transparence et l'obstacle*, Gallimard, « Tel », 1976.

Sur Tocqueville

Raymond ARON, *Les Étapes de la pensée sociologique*, Gallimard, « Bibliothèque des sciences humaines », 1967.

Lucien JAUME, *Tocqueville : les sources aristocratiques de la liberté*, Fayard, 2008.

Robert LEGROS, *L'Avènement de la démocratie*, « Le Collège de philosophie », Grasset, 1999.

Pierre MANENT, *Histoire intellectuelle du libéralisme : dix leçons*, Hachette littératures, « Pluriel », 1997.

TABLE

Achevé d'imprimer en septembre 2012
sur les presses de Grafica Veneta, Italie.

N° édition : L.01EHBN000467.N001